深圳经济特区建立45周年系列丛书

中国式现代化的深圳实践

绿色发展

本书编写组
—编—

新 华 出 版 社

图书在版编目（CIP）数据

中国式现代化的深圳实践．绿色发展 /《中国式现代化的深圳实践》编写组编

北京：新华出版社，2025.7

（中国式现代化的深圳实践：深圳经济特区建立 45 周年系列丛书）

ISBN 978-7-5166-8123-7

Ⅰ．D676.53；F127.653

中国国家版本馆 CIP 数据核字第 2025JC9228 号

中国式现代化的深圳实践·绿色发展

编　　者：《中国式现代化的深圳实践》编写组

出 版 人：匡乐成　　**出版统筹：**王永霞

责任编辑：唐波勇　　**编　　务：**田　清

统筹执行：祝玉婷　　**责任校对：**刘保利

责任印制：周瑞朋　　**封面设计：**今亮后声

出版发行：新华出版社有限责任公司

（北京市石景山区京原路 8 号　邮编：100040）

印刷：河北鑫兆源印刷有限公司

成品尺寸：170mm × 240mm　1/16　　**印张：**11.5　　**字数：**160 千字

版次：2025 年 8 月第 1 版　　**印次：**2025 年 8 月第 1 次印刷

书号：ISBN 978-7-5166-8123-7　　**定价：**86.00 元

《中国式现代化的深圳实践》
丛书编写组

主　　编：陈凯星

副 主 编：周建伟　张朝祥　肖文峰　王　攀

编写组主任：周　科　周　强　肖思思　詹奕嘉

编写组成员：孙　飞　白　瑜　毛思倩　李晓玲
赵瑞希　梁　旭　王　丰　陈宇轩
梁希之　印　朋　卫韦华　李思佳

总　序

四十五载春风浩荡，深圳湾畔沧海桑田。在这风云际会之地，改革惊雷滚过南海，开放大潮回荡神州。

今朝回望，四十五载春秋在岁月长卷中镌刻下的，是一部中华民族于封闭中闯出生路、在追赶中走向引领的史诗篇章。

这诗行间，激荡的是向海而生、踏浪而立的拓荒胆识，是顶破冻土、向阳而生的特区精魂。此刻，我们以这套沉甸甸的丛书，为深圳经济特区建立45周年铭刻时光的印记，更为向新时代的壮阔征程庄严献礼。

特区之"特"，首在于"闯"的勇毅。蛇口开山的炮火轰鸣，是决心撕碎陈旧之幕的宣告；土地拍卖的第一槌声响，如利斧劈开痼疾坚冰；市场经济前路上步步探索，为华夏大地探明了崭新的航标。每一次"首战"的背后，都是一批又一批特区"拓荒牛"以汗水灌沃、信念浇筑的坚韧脊梁。

"深圳等经济特区的成功实践充分证明，党中央关于兴办经济特区的战略决策是完全正确的。经济特区不仅要继续办下去，而且要办得更好、办得水平更高。”深圳经济特区“奇迹”的内核，正在于那生生不息的“敢闯敢试、敢为人先、埋头苦干”精神。它早已融入城市的脉搏深处，成为最鲜明的标识，最强劲的动力——那是风雨砥砺出的筋骨，是惊涛磨砺出的魂魄。

如今，深圳全力谱写的发展新篇中，新时代深圳经济特区、新征程中国特色社会主义先行示范区、粤港澳大湾区中心城市和核心引擎之一建设不断取得新成效，前海深港现代服务业合作区、河套深港科技创新合作区、广东自贸区前海蛇口片区等重大平台建设如火如荼，何尝不是新时代“拓荒牛”精神的再度起航？改革的锋刃又一次劈开前路荆棘，创新的星辰又一次在时代夜空熠熠闪耀。

特区之“新”，贵在于“进”的无畏。2019年《中共中央 国务院关于支持深圳建设中国特色社会主义先行示范区的意见》赋予深圳“五大战略定位”，这是新时代党中央赋予特区新的恢宏使命。

六载奋斗，前海的“特区中的特区”制度创新如新竹破土，河套深港科技创新合作区创新链与产业链交融缠绕，战略性新兴产业和未来产业集群拔节生长为强韧经济筋骨，一流的市场化法治化国际化营商环境如同丰沃土壤滋养万千企业之林。《深圳经济特区数据条例》等突破性立法，如经纬之线织就了“法治城市示范”的牢固之网；深入实施的“民生七有”工程，正努力雕刻着“民生幸福标杆”的动人容颜；红树林湿地修复、蓝绿交融的公园城市画卷徐徐铺展，绘就“可持续发展先锋”的生态丹青……深圳，正以中国式现代化建设的先行探索，在时代答卷上奋力留下深刻的深圳印记。每一步坚实的攀登，都在兑现“走在前列、勇当尖兵”的庄严目标，每一步智慧的跋涉，皆是在用实践回应人民群众最关切、最深沉的期盼。

特区之“兴”，力聚于“心”的共振。回望峥嵘来时路，每一个伟大成就都是在党和国家的掌舵领航、都是在广大建设者前赴后继中诞生的。从“时间就是金钱，效率就是生命”的春雷醒世，到如今“创新驱动发展”的鹏城澎湃，精神的火炬在数代人之间接续传递。新时代的建设者依然步伐铿锵——实验室里追寻科学奥秘的目光是那般执着，流水线上精雕细琢的匠心是如此专注，写字楼键盘敲击下的智慧如同星辰闪耀，街头巷尾那奔波忙碌的身影凝聚着无数个家庭的憧憬。他们的汗水浇灌着创新的种子，他们的足迹交织出繁荣的图谱，他们的奋斗共同奏响了这座城市最雄浑壮丽的交响乐章。

未来之光，其芒闪耀。在中国式现代化伟大实践中，深圳肩负的使命如星辰般璀璨，责任如山岳般厚重。面向“建设更具全球影响力的经济中心城市和现代化国际大都市”的战略目标，一条光荣与挑战并存的前进征途正在前方。

展望未来，深圳要在高新技术更迭的前沿挺起中国制造的硬朗脊梁，在规则衔接与机制对接的关键处为大湾区融通撬动智慧杠杆，在治理效能与文明风尚的高度上为城市筑就新时代的精神高地。

蓝图已谱就，冲锋号角响彻云霄：深圳需保持“闯”的锐利锋芒，敢涉最深之水；激发“创”的不竭动力，勇攀最高之峰；秉持“干”的坚毅信念，锚定方向绝不停滞。

四十五载风雨兼程，深圳的故事从未缺少记录者。作为国家通讯社，新华社始终以镜头为眼、以笔为媒，与这座城市同频共振。从1980年蛇口工业区破土动工时“开山第一炮”的现场传真，到1992年“东方风来满眼春”的全文转发；从21世纪之初“深圳速度”向“深圳质量”转型的系列调研，到2019年先行示范区建设启动以来“高质量发展高地”“法治城市示范”等主题的专题报道，新华社用45年的持续关注，为深圳留存了一份珍贵的“成长影像”。一篇篇报道、一组组镜头，不仅记录着深圳“杀出一条血路”的勇气，更将“特区精神”传播至大江南北，为全国改革开放注入强劲舆论动力。

今天，这套丛书的编纂，正是新华社对深圳发展“长期关注、充分报道、及时总结”的延续与升华。从早期“三天一层楼”的速度传奇到如今战略性新兴产业和未来产业集群的创新突破；从“时间就是金钱，效率就是生命”的时代口号到“民生七有”工程的温暖实践；从土地拍卖“第一槌”的制度破冰到数据条例“先行先试”的法治探索——每一组文图、每一段文字，都是新华社与深圳共同书写的“改革史记”，既是对过往的深情回望，更是对未来的庄严承诺：记录时代，我们永远在场；传播经验，我们责无旁贷。

四十五载风华，于人的生命已临成熟丰饶之时，然而于一座始终焕发创新活力、奋斗伟力的城市而言，却正是青春鼎盛、风华正茂。这套丛书里墨香的流淌、图画的定格，正是这座伟大城市成长足迹的忠实写照，是四十五载特区精神光芒汇聚的不熄灯塔。我们有理由相信，一个更深植改革基因、广纳天下英才、永葆为民初心的深圳，定能在中国式现代化的辽阔征程中，书写更为壮丽磅礴的时代诗篇。

晨曦微露时追光，惊涛骇浪里弄潮，勇立潮头的征程永远在前方召唤深圳力量！

让我们满怀期待！

是为序。

引　言

在时代的浪潮中，中国式现代化正以其独特的魅力和磅礴的力量，引领着中华民族走向伟大复兴的崭新征程。而在这场伟大的实践中，改革开放前沿的深圳，正以先行示范区的担当，以绿色发展为笔，绘就出人与自然和谐共生的美丽画卷。在这片充满活力与创新的土地上，绿色发展不再仅仅是一个理念，而是已经融入到了城市的每一个角落，成为了一种生动的实践。

中国式现代化，是人口规模巨大的现代化，是全体人民共同富裕的现代化，是物质文明和精神文明相协调的现代化，是人与自然和谐共生的现代化，是走和平发展道路的现代化。这其中，人与自然和谐共生的现代化，是不可或缺的重要组成部分。它要求我们在追求经济发展的同时，必须高度重视生态环境保护，实现经济发展和生态环境保护的协同共进。

深圳，作为中国经济特区的代表，一直以来都是改革开放的试验田和排头兵。在这片热土上，创新的基因深深扎根，发展的动力源源不断。然而，随着经济的快速发展，深圳也面临着人口密集、资源紧张、环境压力增大等诸多挑战。如何在有限的空间内实现可持续发展，成为深圳必须面对和解决的重大课题。

面对挑战，深圳没有退缩，而是勇敢地选择了绿色发展之路。这座城市以前瞻性的视野和坚定的决心，深入践行“绿水青山就是金山银山”的理念，将生态文明建设融入经济、政治、文化、社会建设的各方面和全过程，积极探索具有深圳特色的生态文明发展模式，勇当可持续发展先锋。从推行严格的生态环境保护制度，到大力发展绿色产业；从构建绿色交通体系，到推广绿色建筑；从加强生态修复，到提升全民生态文明素养，深圳在绿色发展的道路上迈出了一步又一步的坚实步伐。

在这本书中，我们将一同领略深圳绿色发展的壮丽画卷。从大沙河的生态蝶变到全市范围内的水环境治理，从垃圾分类的精细化管理到循环经济的创新实践，从绿色金融的蓬勃发展到绿色消费的广泛推广，每一个案例都生动地展现了深圳在绿色发展方面的积极探索和卓越成就。

深圳的绿色发展实践，是创新驱动的生动体现。在这里，科技创新与绿色发展紧密融合，为城市的可持续发展注入了强大的动力。深圳抢抓碳达峰碳中和巨大机遇，推动减污降碳扩绿协同增效，加快构建绿色低碳循环经济体系。2023年，深圳成功入选国家碳达峰试点城市，标志着其在绿色转型道路上迈入新阶段。从智慧化的固废管理到绿色能源的广泛应用，从环保科技的创新应用到绿色产业的蓬勃发展，科技创新让深圳的绿色发展之路越走越宽广。深圳的绿色发展实践证明，创新驱动不仅是技术突破，更是制度革新、模式创新和文化塑造的系统工程。这种以科技创新为引领，体制机制改革为保障，全要素协同为支撑的发展模式，为全球超大城市可持续发展提供了“中国方案”。

深圳的绿色发展实践，是人民至上的真实写照。在这里，绿色发展的成果惠及了每一个市民。公园城市的建设让市民们推窗见绿、出门入园，清新的空气、优美的环境成为了深圳人生活的常态。2017年，深圳实现专营公交车辆全面纯电动化；2018年，巡游出租车实现全面电动化；2020年，网约车、环卫车实现全面纯电动化。2024年，深圳新建和改造提升绿道308公里，全市（含深汕）绿道总里程突破3600公里……绿色交通的推广让出行更加便捷环保；而绿色消费的兴起让生活更加健康低碳。深圳通过促进新能源汽车、节能家电、绿色电力等重点消费领域的发展，巩固绿色消费优势，积极拓展绿色消费场景，持续扩大绿色产品供给，健全绿色消费激励机制，让绿色消费成为市民生活的一部分。深圳的绿色发展，让市民们享受到了更加美好的生活。

深圳的绿色发展实践，更是人与自然和谐共生的生动诠释。在这里，经济发展与环境保护不再是矛盾的对立面，而是相互促进、相得益彰。深圳通过优化产业结构、推动能源转型、加强生态保护等措施，实现了经济发展与环境保护的双赢。深圳实施“山海连城”计划，让山与山、山与海、人与山海之间不再有钢筋水泥的阻隔，徒步径、空中绿道……一条条生态廊道，缝合着被城市快速发展切断的生态系统肌理。在这一过程中，深圳高度重视生态系统的完整性与连通性，持续提升城市生物多样性，保护红树林湿地、修复海岸线生态，打造“千园之城”，让城市成为野生动植物的栖息乐园。深圳拥有1145平方公里海域面积、260.5公里海岸线、森林覆盖率达40%左右，空气质量优良率常年保持高位。如今的深圳，天更蓝、水更绿、山更青，人与自然和谐共生的美好画面处处可见。

如今的深圳，天蓝水绿，山海相依，城市与自然和谐共生。高楼大厦之间，绿意盎然的公园和绿地星罗棋布；繁忙的街道上，新能源汽车穿梭往来，低碳出行成为新风尚；先进的科技园区里，绿色创新蓬勃发展，为经济发展注入新动能。深圳以实际行动诠释了“绿水青山就是金山银山”的深刻内涵，成为中国乃至全球可持续发展的先锋标杆，也为全国乃至全球的城市绿色发展提供了宝贵的经验和启示。

《中国式现代化的深圳实践——绿色发展》这本书，是对深圳绿色发展历程的一次全面梳理和总结。它不仅记录了深圳在绿色发展方面的探索和成就，更蕴含了深圳人对绿色发展的深刻思考和美好愿景。从深入践行绿色发展理念，到入选碳达峰试点城市；从推动减污降碳扩绿协同增效，到提升城市生物多样性，深圳走出了一条高质量发展与高水平保护互促共赢的新路径。

相信这本书的出版，将为更多的人了解深圳、认识深圳提供一个全新的视角，也将为推动全国乃至全球的城市绿色发展贡献深圳的智慧和力量。

让我们一同翻开这本书，走进深圳绿色发展的精彩世界，感受这座城市的魅力与活力，抢抓“双碳”重大战略机遇，深入践行绿色发展理念，共同为建设美丽中国、实现可持续发展而努力奋斗。绿动鹏城，筑梦未来！

目 录

CONTENTS

第二章　清水鹏城

第三章　“两化”互动

第四章　山海奔赴

第五章　湾区合作

第一章

绿色转型

深圳牢记嘱托、感恩奋进，牢固树立“绿水青山就是金山银山”理念，经济社会全面绿色低碳转型取得历史性成就，生态环境保护实现跨越式发展，人民群众优美生态环境的获得感、幸福感显著提升，在超大型城市绿色转型上走出了一条人与自然和谐共生的可持续发展道路。

01 “绿色引擎”推动高质量发展

水、光、热独厚岭南，而岭南也不负天地。

一掠山河万木生，广东超一半国土面积是森林，绿树浓荫、繁花似锦，一棵棵树木枝繁叶茂，寄托希望，见证发展；结婚时种“同心树”，孩子毕业时种“成长树”，考取驾照时种“平安树”……人们爱绿、护绿、植绿，遇好事喜事多种树，正蔚然成风。

树，是希望的象征，是生命的刻度，也是历史的见证。南粤大地牢记嘱托，以“绿美广东”生态建设为牵引，奋力打造人与自然和谐共生的中国式现代化广东样板，努力探索出新时代“绿水青山就是金山银山”的广东路径。而在深圳经济特区，这一理念的探索和实践，正成为推动经济社会高质量发展“绿色引擎”。

北起羊台山，南入深圳湾，沿着清澈的大沙河，高校、科研机构、高科技企业遍布两岸，一条绿色“创新大道”蜿蜒展开。

盛夏时节，大沙河两岸红花绿树、百鸟啁啾，数条皮划艇在河面上

2023 粤港澳大湾区（深圳南澳）海上龙舟赛在广东深圳大鹏新区月亮湾海面举行，来自大湾区的 29 支队伍参加比赛。图为 2023 年 6 月 20 日，参赛队伍在比赛中（无人机拍摄）。新华社发（彭志刚摄）

竞速。

“现在越来越多的高科技企业和人才到大沙河附近入驻和工作。”在深圳科技园工作的陆思延每天都要来大沙河边跑步“打卡”，在他看来，良好的生态环境是这里保持吸引力和创新活力不可或缺的部分。

如今，全长13.7公里的大沙河有深圳“塞纳河”的美称，然而眼前的宜人风景，来得并不容易。20世纪70年代末以来，伴随深圳的高速发展，大沙河流域成为全球制造业重镇，也遭遇了淤塞污染，成为远近闻名的“黑臭河”。

“不敢靠近，即使在家里，刺鼻气味也不时飘来，一定要关窗。”沿岸居民都有这样的记忆。

2016年到2019年年底，大沙河所在的南山区先后投入数十亿元治水，上千个小区完成雨污分流改造，区内全面消除黑臭水体，大沙河、后海河等入海河流水质稳定达到地表Ⅴ类水及以上。

南山区委书记黄湘岳说，通过强化落实“河湖长制”，综合整治“小散乱污”，对涉水污染源保持高压态势，长效推进治水提质工作，水务事业由“重建轻管”向“建管并重”“以管促建”转变。

如今，大沙河鸟飞来了、鱼游来了，河流上游是深圳西丽大学城，北京大学、清华大学等高校的深圳校区布局其中；沿河而下，100多家上市公司星光璀璨，成为深圳源头创新的集聚地。

编制我国第一个县区级自然资源资产负债表，对领导干部自然资源履职情况进行审计，实施生态环境损害责任终身追究制和生态环境补偿制度……在深圳唯一不考核GDP的“生态特区”——大鹏新区，一系列打破常规的改革举措，不断夯实生态文明建设的体制机制。

围绕生态产业化和产业生态化，大鹏新区一方面实施污染、低端产业淘汰机制，累计淘汰转型占新区设立时工业企业总数70%的低端企业；另一方面，重点发展“生物、海洋、旅游”三大新兴产业。

2014年，中国农科院深圳农业基因组研究所成立；2016年，深圳国家基因库启用；2018年，“DNA之父”沃森领衔的国际生命科技中心安家……目前，大鹏新区已吸引数百家生物医药、生命健康、海洋生物产业企业及科研机构落户。

南山区和大鹏新区正是深圳坚持绿色发展的缩影。40多年来，面对“空间、资源、环境容量”的明显短板，深圳坚持把绿色发展融入规划布局、环境营造、产业集聚等方面，推动城市可持续发展。

早在20世纪80年代大力发展“三来一补”经济时，深圳就明确提出“重污染项目原则上不引进，倡导发展科技含量高、无污染或污染小的项目”；20世纪90年代，深圳又发布了环保限制发展项目清单。

进入21世纪，深圳日益面临土地、人口、资源、环境等“四个难以为继”的阵痛。在经济不断取得突破、科技日益创新的同时，进一步推动绿色可持续发展成为深圳发展的必然选择。

党的十八大以来，深圳市明确提出建设“美丽深圳”，将“在生态文明建设上先行示范”作为城市发展路径，生态环境保护进入重视程度最高、推进力度最大、生态环境质量改善最快的时期。

将“环境保护实绩考核”升级为“生态文明建设考核”，并将考核范围扩展到全市 10 个区、18 个市直部门和 12 家重点企业；出台数十部生态环保类法规和部地方标准、技术规范……

深圳不断加强顶层设计，完善生态文明制度建设。与此同时，还全面打响污染防治攻坚战，大力补齐环境短板，全力构建推动经济社会高质量发展的“绿色引擎”。

2016 年初，在遍布深圳全市的 310 条河流中有 159 个黑臭水体，茅洲河、深圳河等五大河流水质都是劣Ⅴ类。这一年，深圳全面向水污染宣战。

4 年来，深圳新增污水管网 6000 多公里，依法依规处置一级水源保护区 1000 多栋违建，拆除黑臭水体沿河违建 130 多万平方米，完成小区、城中村正本清源改造超 13000 个。

截至 2019 年底，深圳全市 159 个黑臭水体和 1467 个小微黑臭水体消除黑臭，水环境质量实现根本性改善。

除去“散乱污”，转型“高精尖”。在茅洲河流域，通过环境整治释放出 15 平方公里土地，天安数码城、长江股份等一批高新技术产业和上市企业入驻。

在以高档写字楼为主的深圳河流域，水环境持续改善，引来越来越多的高科技创新企业。“落户这里，我们看中的既是营商环境，更是日益改善的生态环境。”深圳显扬科技有限公司创始人丁克说。

近年来，深圳不断落实环境治理工程，推动清洁能源结构优化，推动产业转型升级，全面构建绿色经济体系。

如今，深圳已建成各类公园超 1300 个，全市森林覆盖率 40% 左右；率先实现公交车 100% 纯电动化，新能源汽车推广数量居全球城市前列；每年消纳西电东送清洁电力超 400 亿度……

2024 年，深圳全市地区生产总值 3.68 万亿元，"'绿色引擎'正成为推动深圳经济社会高质量发展新动能。"在中国（深圳）综合开发研究院常务副院长郭万达看来，绿色发展理念正融入深圳城市发展肌理，一条可持续发展的新路正在形成。

（陈凯星、王丰、李晓玲）

02 超大城市治理的绿色答卷

推进近零碳试点建设，创新引入保险参与辖区企业项目节能减排和风险管控、建立“集约式柔性公共充电网”……深圳加速“低碳先锋城区”建设，书写超大型城市社会治理绿色答卷。

罗湖区低碳先锋城区建设加速

深圳罗湖区贯彻碳达峰碳中和国家战略部署，紧紧围绕“三力三区”发展定位，接续打造低碳先锋城区。罗湖区 2022 年 10 月印发《罗湖区打造“低碳先锋城区”行动计划（2022—2025 年）》两年来，绿色低碳产业发展稳步提升，以绿色发展为导向的 GEP 考核指标体系基本搭建，2022 年率先发布全市首个生态系统生产总值（GEP）提升工作方案，2023 年生态文明示范创建获评全市考核“双优秀”。绿色建筑实现高标准、规模化发展，新建医院、学校基本实现绿色建筑标准三星级、新建商业楼宇实现绿色建筑标准二星级全覆盖，笋岗—清水河片区成为高星级绿色建筑集聚区。高产出低能耗发展方式基本形成，辖区单位 GDP 能耗不到全国平均水平的四分之一，处于国内领先水平。

罗湖区全力推进近零碳试点建设，累计创建试点项目 13 个，锦田小学等 3 个项目获全省第一批碳达峰碳中和试点授牌。全面摸排区内产业园区潜力条件，推动 8 个园区完成绿色低碳化改造。

深圳银湖会议中心近零碳项目创新采用结合智慧照明、分体空调智控系统、能源管理系统等节能产品，建设光储超充、车网互动一体化示范园区，打造 SOFC 固体燃料电池示范项目、“近零碳建筑群示范基地”。

率先建立“集约式柔性公共充电网”

深圳市新能源汽车产业办公室数据显示，2024 年 1—10 月，深圳全市新能源汽车新车渗透率已达 75.9%，新能源汽车保有量超过 119 万辆，充电基础设施超过 40 万个，密度全国领先，光储超充一体化等新技术、新模式、新业态加速涌现。

随着电动汽车产业快速发展，充电桩数量的不断增加，其所需的电力资源也越来越大。不仅占用了配电的可用容量，也导致居民用电“峰上加峰”，造成电网局部过载，这也影响着配电网的质量。

如何破题？在集中式的基础上，深圳探索基于兆瓦级柔性充电堆的集约式柔性公共充电模式。相较于传统的一体式充电桩来说，柔性充电堆技术具有自适应可调节、集成化可共享等特点，能够实现整站能量流通、按需动态分配，提升了配电设备利用效率，可大幅减少对电力资源的占用，为构建资源节约型社会作出积极贡献，实现可持续发展。

这是 2024 年 12 月 27 日在深圳笔架山公园拍摄的智能超充站。智慧跑道、室外智能健身房、智能淋浴间、无人驾驶观光游览车、无人机送外卖……当前，深圳正在全力推进人工智能先锋城市建设，在深圳的各大公园里，新鲜有趣的人工智能应用随处可见，“黑科技”正在成为人们生活的日常。新华社记者梁旭摄

深圳奥特迅电力设备股份有限公司联合香港理工大学电网现代化研究中心及中国建筑科学研究院建筑防火研究所，研发“集约式柔性公共充电网”，目前全网站点数超过 150 座，总装机功率超过 260 兆瓦，自建配电容量约 230 兆伏安，按每天满功率运行 10 小时测算，全网服务能力达到 26 万辆社会车辆。

通过建立“集约式柔性公共充电网”，可以实现 1000 伏安电力就够服务一辆车，在节约资源的情况下，还能大幅提升设备利用率和充电效率，并能提升城市整体消防安全。

2024 年 9 月 19 日拍摄的深圳梧桐山（无人机拍摄）。新华社记者毛思倩摄

绿色示范项目显示度升级

玉龙填埋场环境修复项目是全国体量最大的填埋场全量开挖搬迁治理工程之一，于 2024 年 6 月正式开工。该项目位于清水河总部新城核心区域，总投资 21.7 亿元，填埋场面积超 12 万平方米，垃圾处理量

超250万立方米。作为中心城区“环境治理+开发建设”的发展样本，完工后预计形成约30公顷集中连片用地，成为清水河总部新城的核心拓展区和开发主战场。

随着玉龙填埋场环境修复项目正式开工，深圳率先创新性完成扬尘污染生态环境损害赔偿协议签署，并签署《深圳梧桐山—香港红花岭生态廊道建设合作框架协议》，加快打造粤港澳大湾区生态旅游示范区。

深圳还探索由传统的两方点对点合作模式，转变为以保险公司牵头的三方合作新模式，保险公司为节能技术提供信用背书，监管节能服务全过程，并对节能效果兜底保障，提供风险预警、智能操控、维保监管、品质监管“四位一体”的解决方案，针对性解决传统节能商业模式决策难、评估难、监督难等痛点问题。

罗湖区依托金融大区优势，充分发挥保险在节能升级、数字运维、效果保障方面的作用，推动保险应用于社会治理全领域、经济建设全过程、民生福祉全方位，创新引入保险参与辖区企业项目节能减排和风险管控，构建“保险+科技+服务”风险减量管理新模式。

（白瑜）

03 龙岗的绿美智变

深圳龙岗，这片曾经以工业繁荣著称的土地，如今正经历着一场前所未有的绿色转型。生态绿意与现代工厂交织在一起，传递出从“灰”到“绿”、从“粗”到“智”的深刻蜕变。

作为深圳的经济和科技重镇，龙岗区在近年来坚定走上绿色发展与智慧创新的道路，力图成为生态优美、科技领先的现代化城区。

然而，龙岗的“绿美智变”并非一朝一夕之功。回溯历史，这里也曾工厂林立，烟囱高耸。随着时代变迁，龙岗区近年来明确提出“绿美龙岗”建设目标，致力于为实现“双碳”目标寻求高质量发展的绿色新动能。

绿色生态的蝶变是龙岗“绿美智变”的生动体现。目前，龙岗区绿化覆盖率超过 50%，公园总数达到 298 座、绿道 575 公里、碧道 100 公里、步道郊野径 116 公里，全区绿化环境品质实现根本性转变，推窗见绿、出门见景成为龙岗市民生活标配。

冠旭电子深圳总部的厂区道路绿树成荫。受访者供图

深圳市生态环境局龙岗管理局相关工作人员在接受采访时提到："通过河道治理、植树造林等措施，我们不仅改善了水质和空气质量，还为市民提供了更多亲近自然的场所。"这些努力让龙岗的生态面貌焕然一新，蓝天白云、绿水青山成为常态。

与此同时，龙岗的"含绿量"中也有不少"含智量"。龙岗区积极推进"智慧水务"建设，综合运用北斗、InSAR、物联网等多源组合技术，对龙岗区管辖范围内的 38 座水库实行全天时、全天候监测。

低碳产业的突破则是龙岗"绿美智变"的动力引擎。位于深圳市龙岗区坪地街道的"国际低碳城"，是深圳市唯一一个以绿色低碳为主题的重点区域，是国家开展低碳国际交流合作的重要平台和绿色低碳技术应用

冠旭电子的办公室内遍布绿植。受访者供图

示范窗口。

截至 2023 年，以“国际低碳城”为核心的低碳制造核心片区共拥有上市企业 11 家、年产值亿元以上企业 100 家、规上企业 338 家，未来还将打造比亚迪研发中心、新能源汽车基地等一批千亿级先进制造园区，全力打造绿色低碳产业体系。

在迈向“绿美智变”的过程中，龙岗的本地企业也发挥了重要作用。冠旭电子作为龙岗的国家级绿色工厂，积极响应“绿美龙岗”倡议，将绿色发展理念融入生产实践。

冠旭电子相关负责人表示：“工厂近年来持续提升清洁能源使用比例，今年预计达到 100%，我们下一步还要带动供应商一起节能减排。”冠旭电子的实践不仅推动自身的可持续发展，还将龙岗的“绿美工业”理念向外溢出。

冠旭电子的耳机生产线上摆布了大量绿植。受访者供图

值得一提的是，龙岗的绿色实践已收获国际关注。2024 年 12 月 5 日，龙岗区在第 28 届联合国气候变化大会（COP28）上分享了应对气候变化的实践经验。

一位参会代表在大会上说道："龙岗的绿美智变不仅是生态治理的成功案例，更是智慧技术与绿色发展深度结合的典范。我们希望与全球伙伴分享经验，共同应对气候变化挑战。"这彰显了龙岗在全球生态治理中的责任与担当，也为中国城市绿色转型提供了龙岗样本。

深圳龙岗的绿美智变，不仅改变了龙岗的面貌，更为中国的绿色发展注入了新的活力。在这片热土上，绿色与工业相得益彰，生态与科技共生共聚，龙岗正以崭新的姿态走出一条以绿为底、"双碳"引领的工业大区高质量发展新路径。

04 “碳普惠”应用鼓励居民减少碳排放

“原来我们家昨天排放了2.05千克二氧化碳，比深圳市平均水平少0.47千克。”深圳市民张先生打开手机缴交电费时，发现了一个新功能——在“碳普惠”应用里，居民家庭用电每日减排量（减少的二氧化碳排放量）、累计减碳总值、减碳排名等信息一目了然。

深圳市2022年6月13日正式上线居民低碳用电“碳普惠”应用，依据家庭用电量进行换算，得出居民家庭减排量等信息，并根据减排量给予个性化标志勋章、“绿色小区”荣誉称号，兑换公益权益等一系列奖励措施。

“我们希望借助应用发布，倡导全社会形成低碳用能、科学用电的绿色低碳风尚。”南方电网深圳供电局信息中心技术专家说。

自中国向世界作出了力争2030年前实现碳达峰、2060年前实现碳中和的庄严承诺后，绿色低碳已不再只是“工业减排”，还涉及普通大众消费、出行等诸多日常生活中的低碳行为。

在深圳一处充电站充电的新能源出租车。新华社记者毛思倩摄

作为中国特色社会主义先行示范区，近年来，深圳全力打造中国“碳减标杆”，在碳减排、碳普惠等方面做了先行先试探索。

2017 年，深圳实现专营公交车辆全面纯电动化；2018 年，巡游出租车实现全面电动化；2020 年，网约车、环卫车实现全面纯电动化……

2021 年 11 月 12 日，深圳正式出台《深圳碳普惠体系建设工作方案》，致力于构建全民参与且持续运营的碳普惠体系，“深圳碳普惠模式”第一次有了体系化实施规划。

在公益支持、科技企业合作方面，深圳排放权交易所联合腾讯公司、深圳巴士集团、深圳机场集团等 9 家单位发起成立深圳碳普惠联盟，以期在碳普惠方法学研究、科普教育、技术探索等领域实现多向突破。

居民低碳用电“碳普惠”应用是深圳碳普惠体系建设工作的又一个新尝试。

据统计，深圳居民用电量约占深圳总用电量的16%，是“碳普惠”生态中的重要一环。2022年，深圳家庭日均用电量8千瓦时，日均二氧化碳排放2.5千克，家庭年均二氧化碳排放约913千克，相当于每个家庭每年要种50棵树才能消除。

南方电网深圳供电局信息中心技术专家介绍，未来深圳还将搭建碳普惠统一平台，逐步实现碳积分、碳普惠减排量与碳交易市场的联通、兑换和交易，并将进一步完善碳普惠体系，基本形成规则流程清晰、应用场景丰富、系统平台完善和商业模式可持续的碳普惠生态。

（王丰）

05 “一杯咖啡　满电出发”

在 2023 年 6 月 29 日举行的“2023 国际数字能源展”上，深圳推出首个全液冷超充示范站并宣布启动“超充之城”建设，将在 3 年内建设 300 个新能源汽车超充站，实现超充站和加油站达到 1 ∶ 1 的比例，到 2030 年实现充电比加油更方便。

当汽车驶入充电站，车主在开始充电后到旁边的咖啡店点上一杯咖啡，舒适地喝完咖啡就可以开上充满电的车出发。深圳首个全液冷超充示范站提供了新能源汽车出行的新体验。

南方电网深圳供电局是全液冷超充示范站联合建设方之一。该局相关负责人说，所谓“超充”，是指比快充更快的充电设备，其最大输出功率可达 600 千瓦，最大输出电流达 600 安，最快能以“一秒一公里”的速度充电。

“全液冷超充示范站的充电设备采用最新的全液冷技术，有效解决了长时间高功率充电过程中的温度升高问题，可提供更安静、更稳定、更安全的充电环境。”全液冷超充示范站技术提供方华为技术有限公司现场技术专家说，全液冷超充解决方案一是充电速度快。二是散热好。相比于传统的风冷技术，全液冷超充技术易损件更少，可靠性更高，可以将设备寿命提高到 20 年。三是安静。因不需要大量风扇散热，充电时噪声很低。

随着新能源汽车产业不断发展，我国新能源汽车保有量不断提升。据公安部数据，截至 2022 年底，全国新能源汽车保有量已达 1310 万辆。构建更高水平、更高速度、更高密度的充电网络已成为“刚需”。

深圳建设“超充之城”的基础良好。出席当天活动的深圳市市长覃伟中说，截至 2023 年上半年，深圳新能源汽车的保有量达 86 万辆，在全球城市中名列前茅。同时拥有 2.4 万家新能源和数字能源企业，光伏、锂离子储能等技术处于全球前列。

根据《深圳市新能源汽车充电设施专项规划（2023—2025 年）》，到 2025 年底该市新能源汽车规模将达到 130 万辆。与之匹配的充电基础设施建设也成为应然之选。按计划，到 2025 年，深圳市将建成超充站 300 座，超充站和加油站数量比达到 1 ∶ 1，初步建成“超充之城”。同时基于新能源汽车运动轨迹分布，重点围绕机场、高铁枢纽、市政公园、核心商超、高速服务区等，打造供需匹配、适度超前、技术领先的超充网络。

大量超充站的建设也将对电网建设提出更高的要求。据介绍，深圳供电局将通过“充储放一张网”“虚拟电厂管理平台”等技术和平台建设，为市民提供更加便捷快速的充电服务，为深圳“超充之城”网络建设提供支撑。

（吴涛、王丰）

06 一朵“云”两端的濒危动物守护者

中国与拉美有多远？墨西哥齐拉姆国家自然保护区的居民说，仅仅相距一朵“云”的距离。

在这朵“云”的两端，中拉技术人员、环保人士默默守护着拉美的濒危动物，守护着万千物种的家园。

齐拉姆国家自然保护区植被繁茂。“这里是美洲虎的地盘。”齐拉姆社区领袖胡安·卡斯蒂略说。美洲虎，又称美洲豹，是当地现存唯一的豹属动物。当地居民一直将美洲虎视为他们的一份子。

这个保护区占地 690 多平方公里，超过 590 种动植物在这片湿地繁衍生息。

然而，由于非法狩猎、无节制放牧和盗伐林木，加之气候变化的影响，近年来齐拉姆保护区的生态系统迅速恶化，近 80% 的雨林遭受破坏，许多物种的栖息地急剧缩小。美洲虎被列入世界自然保护联盟濒危物种红色名录中的“近危物种”。

为保护生物多样性，当地社区和环保人士希望了解美洲虎等受威胁动物的活动区域，在努力寻找它们的足迹。

在智利，人们同样怀着急切心情寻找另一些濒危动物的足迹。

智利的纳韦尔武塔山脉是全球生物多样性最丰富的生态系统之一。这里有年龄高达 2000 多岁的南美杉，还有一种濒临灭绝的动物 —— 达尔文狐。

智利环保组织“森林之道”创始人贝尔纳多 · 雷耶斯介绍，达尔文狐被视为具有高生态保护价值的“伞形物种”，对它们的保护也有助于保护其他物种。

广袤的森林中，无论是美洲虎还是达尔文狐，往往活动隐秘、踪迹难

2023 年 8 月 18 日，在中国深圳，华为 TECH4ALL 数字包容项目办公室的项目经理曾铭和华为墨西哥公共关系与对外沟通经理萨米拉 · 埃雷拉 · 佩雷斯进行视频连线。新华社发（程驰翔摄）

当地时间 2023 年 8 月 17 日晚，在墨西哥首都墨西哥城，华为墨西哥公共关系与对外沟通经理萨米拉 · 埃雷拉·佩雷斯和华为 TECH4ALL 数字包容项目办公室的项目经理曾铭（屏幕居中）进行视频连线。新华社发（弗朗西斯科 · 卡涅托摄）

觅，人们很难在自然状态下见到它们。对于盗猎、盗伐行为也难以实时监控。

要在自然状态下关注、守护濒危动物，“科技守护自然”项目找到了正确的打开方式。

在深圳，华为 TECH4ALL 数字包容项目办公室的项目经理曾铭收到了项目部发来的视频：一只美洲虎正悠闲散步。她看了看表，拨通了华为墨西哥公共关系与对外沟通经理萨米拉 · 埃雷拉 · 佩雷斯的视频电话。她们约好把“科技守护自然”项目下一阶段的工作再梳理一遍。

2022 年 5 月，墨西哥尤卡坦州政府与中国华为公司、世界自然保护联盟携手在墨西哥开展一项名为“科技守护自然”的人工智能技术合作项目。项目在尤卡坦半岛齐拉姆保护区通过“秘境之眼”相机，全天候不间断采集保护区视频数据，利用华为云技术等在云端进行视频 AI 分析，以此监测生物多样性指标，并研究气候变化等因素对生态系统的影响。

“这样无须人员频繁进入保护区，不会打扰保护区。”“科技守护自然”项目墨西哥协调员雷吉娜·塞韦拉说。工作人员会定期取回相机存储卡，将图片和视频文件经由尤卡坦理工大学上传至华为云进行处理。

类似的中国云技术，在智利、哥斯达黎加已应用多年。

在智利，“科技守护自然”项目除了对达尔文狐等不同动物叫声进行识别和研究，还能监测盗猎者的枪声、盗伐林木者的卡车与电锯声，一旦识别会实时报警，将定位信息推送到当地护林员的手机，帮助他们快速到现场干预。

“我们为当地提供线上和线下培训，这个解决方案帮助保护区的工作人员大大提升了工作效率。”曾铭说，使用相关技术处理上万小时的音视频，只需几个小时便可截取所需内容，分析的平均正确率达 96%。

“我们梦想毕生守护美洲虎，但也曾担心，孩子们将来只能在照片上看到美洲虎。”齐拉姆社区居民奥梅利娅·特雷霍说，得益于“科技守护自然”项目，“梦想成真了”。

在墨西哥齐拉姆地区，自 2022 年 9 月至 2023 年 5 月，项目共成功检测到 119 个物种，包括 5 只野生美洲虎个体，以及 88 种鸟类、22 种哺乳动物、5 种爬行动物和 4 种两栖动物，其中 34 个物种被列入世界自然保护联盟濒危物种红色名录。

曾铭介绍，目前华为在全球 4 个大洲的 46 个保护区开展了“科技守护自然”项目，用数字技术保护当地具有代表性的森林、湿地和海洋等生态系统。她表示，希望能与更多伙伴携手，“充分发挥技术的赋能作用，共同守护我们的地球家园”。

“科技守护自然”项目是中拉共建绿色“一带一路”的组成部分，在众多人心中种下对美好未来的希望。“我希望 30 年或 50 年后，这片丛林还能像现在这样，动物拥有这样的栖息地，生命可以在这片土地上延续、繁衍。我对未来充满乐观和希望。”塞韦拉说。

（陈瑶、吴昊、马晓澄）

07 三步走建设美丽先行示范区

深圳市推进中国特色社会主义先行示范区建设领导小组印发《深圳率先打造美丽中国典范规划纲要（2020—2035 年）及行动方案（2020—2025 年）》，提出三步走建设美丽中国典范。

据悉，《纲要》共分为四大部分十七节，在发展目标上，提出了美丽中国典范建设“三个台阶”的目标愿景：

到 2025 年，生态环境质量达到国际先进水平，“天蓝水秀、现代宜居”成为美丽深圳生动写照，城市生态系统服务功能增强，细颗粒物（$PM_{2.5}$）年均浓度不高于 20 微克 / 立方米，景观、游憩等亲水需求得到满足，以碳排放达峰为核心做好工作安排，广泛形成绿色生产生活方式，建立完善的现代环境治理体系。

到 2035 年，生态环境质量达到国际一流水平，“绿色繁荣、城美人和”的美丽深圳全面建成，城市生态系统服务功能进一步提升，$PM_{2.5}$ 年均浓度不高于 15 微克 / 立方米，生态美丽河湖处处可见，碳排放达峰后稳中有降，绿色生产生活方式更加完善，实现环境治理能力现代化。

到21世纪中叶，力争实现碳中和，城市生态环境治理范式全球领先，成为竞争力、创新力、影响力卓著的全球生态环境标杆城市。

深圳市生态环境局局长李水生介绍，为确保《纲要》顺利实施、稳步推进，深圳同步配套了第一个五年行动方案和任务分工表，包含7大行动体系208项任务内容。后续每五年制定一个实施行动方案，对《纲要》中每一阶段的具体任务要求、每一个指标达标目标进行细化和落实。

（王丰）

第二章

清水鹏城

近年来，深圳践行“绿水青山就是金山银山”的理念，在河湖治理、区域环境评价、气候投融资服务、GEP 核算、海洋生态环境、生态环境损害赔偿制度等方面走在全国前列。

01 河流治理背后的城市发展理念之变

茅洲河——深圳第一大河，曾是这座城市最长的“伤疤”。这条地跨深莞两地的河流，曾经水体黑臭不堪，河道底泥如柏油，一度成为国内污染最严重的河流之一。

从“掩鼻而过、背水而居、闭窗而眠”到“水清岸绿、鱼翔浅底、鸥鹭齐飞”，再到“人水和谐、产业升级、幸福共治”，历时 4 年多的整治，城市伤疤终被抹去，水碧岸美的碧道惊艳亮相，光影变迁的背后，见证了一个城市的发展理念之变。

2022 年初夏的深圳，鲜花绽放，郁郁葱葱。行走在茅洲河碧道，两岸草木茂盛，碧水清流潺潺。

“作为深圳最大的河流，茅洲河已连续半年实现国考断面水质达标，沿岸居民重拾戏水摸鱼的美丽乡愁”，茅洲河洪桥头社区河段长说，随着湾区碧道逐步建成开放，茅洲河两岸更是增添了一抹亮色。

而在 4 年前，茅洲河还是另一番景象。“恶臭熏得开不了窗，从河边走过都要捂着鼻子。”来自河南的王燕菊到深圳打工已有10多年，清楚记得前些年茅洲河两岸都是密集的工厂区和居民区，污水往河里排，不少居民陆续搬离。

伴随着深圳经济的高速发展，茅洲河水污染问题日益突出，一度成为全省污染最严重、治理难度最大、治理任务最紧迫的一条河。

整治迫在眉睫。数十年沉疴，难关重重——污染企业管控、河流底泥污染处理、管线迁改协调、污水收集、污水处理、暗涵整治……

四年多来，敢闯敢试、埋头苦干的特区精神和深圳速度一次次体现在茅洲河的治理过程中：

2393公里——茅洲河流域累计建成管网总长度，相当于深圳到北京的距离；4.18公里/日——最快日敷设污水管网长度，创造国内污水管网建设新纪录；25万立方米/月——2016年建成当时全球生产规模最大的底泥处理厂；107项——茅洲河水污染治理过程中，技术创新获得专利授权74项，发布相关标准33项。

高峰时期，一线施工人员超过3万人。

1500多个日夜，茅洲河脱胎换骨、涅槃重生，再现碧波奔流、鸟掠芳洲的美丽景象。“鸟儿飞来了，鱼儿游来了，搬离的居民也回来了。”王燕菊笑着说。

2020年是全面建成小康社会的决胜之年。随着水污染防治攻坚战即将收官，水生态文明建设持久战的号角已经吹响。广东改革创新，积极探索绿水青山变为金山银山的转化机制，在治水领域提出了实践“两山”理论的广东方案——万里碧道。

茅洲河碧道试点通过协同推进水资源保障、水安全提升、水环境改善、水生态保护与修复、景观与游憩系统构建等五大重点任务建设和共建生态活力滨水经济带一项提升任务，以促进碧道沿线地区协同发展为目标，通过政府引导、市场发力，以治水倒逼治产、治城，水岸共建共治共享形成功能复合、水－道－产－城和谐互促、高质量发展的生态活力滨水经济带。

绿水青山就是金山银山。经过水产城共治，茅洲河沿岸15平方公里土地将得到释放，重大产业项目、重要基础设施布局空间大大拓展，产业承载能力显著增强。记者看到，这里已从昔日的散乱污、劳动密集型企业云集，到如今天安数码城、长江股份等一批高新技术产业和上市企业入驻，茅洲河流域正成为当地产业转型发展的新引擎。

发令枪响，碧波荡漾的茅洲河上，飞桨逐浪，龙舟竞渡。河两岸红花绿树在风中轻轻摇摆，啾啾鸟鸣热闹非凡，两岸高楼剪影映衬在天空，一派生机勃勃景象。

2018年6月5日，曾经被取消了13年的茅洲河龙舟赛，在茅洲河燕罗湿地段重新开赛。

2020年1月21日上午，“深圳市水上运动训练中心”在茅洲河碧道示范段正式揭牌。深圳市皮划艇队的专业运动员将全面进驻，结束深圳水上运动项目此前长期在外地流浪训练的历史。

燕罗湿地公园更是成为一大网红点，融合了海绵城市建设理念，构建出人水和谐共生的生态环境。碧道建设不单提升了周围环境，而且对整个社区、产业、工业带来很多正面影响，大幅提升了茅洲河流域的生态环境和与空间品质。

深圳市坚持共建共治共享的原则。坚持全民参与，组建了702名志愿者河长和12万名“河小二”志愿护河队伍，成立全国第一家志愿者河长学院，在基层一线广泛创建水污染治理攻坚决战青年先锋队；畅通监督渠道，推动人大代表、政协委员、媒体记者、民间河长参与过程监督和成效评价，创新“志愿者河长＋检察长”的公益诉讼机制。

鹏城风华正茂。站在新的历史起点上，深圳正抢抓粤港澳大湾区和先行示范区“双区驱动”重大历史机遇，乘广东省万里碧道建设之东风，再次以茅洲河为起点，按照治水、治产、治城相结合，生产、生活、生态相协调的原则，高质量推进碧道建设，奋力实现“碧一江春水，道两岸风华”的愿景，让鹏城因水而美、产业因水而兴、市民因水而乐。

（王丰）

02 智慧水务全链保障水安全

“智慧原水”工程、“智慧水厂”、“碳中和”水厂、全地埋式污水处理厂、全流程数字孪生平台……作为水务领域的“排头兵”，广东粤海控股集团旗下粤海水务正在打造覆盖“引水—制水—供水—用水—污水处理”全链条的智慧水务，加快发展新质生产力。这家服务全国 1/14 人口的水务企业，“水安全专家”的品牌形象早已深入人心，而这正是源自其刻进基因里的科技创新，源自多年积淀的技术基底，也彰显着国企的使命担当。

“从源头到龙头”全链条保障水安全

南国盛夏，一泓碧水在苍翠植被映衬下更显清澈，高清摄像头、无人船、无人机等智能设备悄然守护着这里的水安全；不远处的调度中心里，两位工作人员紧盯着数个大小屏幕上变化的数字和图像，偌大的空间里唯

深圳水库。粤海水务供图

有清脆的键盘敲击声……

这里就是东深供水工程的最后一站——深圳水库。作为保障香港供水的生命线，东深供水工程北起东莞桥头镇，南至深圳水库，主线长约68公里，担负着香港、深圳以及工程沿线东莞8个镇，共计2400万居民生活、生产用水重任。

作为粤海水务打造的智慧水务标杆示范点之一，东深供水工程这个“智慧原水”工程正是粤海水务“从源头到龙头”全链条保障水安全的最好注脚。

在东深供水工程起点太园泵站取水口，粤海水务建立了“人工巡查+自动监测”双层机制，24小时不间断监测水质，严把水质检测关，从源头开始保障水质安全；在深圳水库库尾，全世界同类型最大的原水生物硝化工程在原水进入水库之前进行预处理，构筑第二道防线；沿着深圳水库一级水源保护区，实施围网、围墙隔离工程，实现封闭管理，强化水源地的保护；在传统的人防、物防之外，开展无人机及视频识别技术、水面漂浮物图像识别技术、采样监测无人船和除藻无人船等水质保护新技术、新方法和新工艺的研究及应用，全方位保证水质安全。多年来，东深供水工程从未因工程和水质原因而中断供水，供水水质一直保持国家地表水Ⅱ类标准。

事实上，科技创新早已深深烙印在粤海水务的基因里。据粤海水务相关负责人介绍，东深供水工程不仅在建设之初就攻克了“头顶水库”“脚踩淤泥”“腰穿公路”等一系列技术难题，短短 3 年时间修建了一条全新的现代化供水通道，一举创造了当时的 4 项“世界之最”，而且早

深圳水库无人机。粤海水务供图

在 20 年前就已整体实现对港供水的自动化控制，近年来更是综合运用数字孪生、北斗导航、5G 通信、人工智能、大数据、物联网、遥感卫星等新一代信息技术，聚力打造“全要素”透彻感知、全面互联、信息共享的智慧水务运管系统，推动东深供水工程数字化、智慧化水平迈上新台阶。科技创新也让即将迈入“甲子之年”的东深供水工程焕发出新活力，让“时代楷模”精神得以赓续并赋予其新的内涵。

不仅是高质量运营管理东深供水工程，粤海水务还承担着环北部湾广东水资源配置工程、珠江三角洲水资源配置工程和韩江、榕江、练江水系连通后续优化工程的建设运营重任，以“四龙引水”之势润泽千万百姓、为粤港澳大湾区发展提供了坚实的供水保障。作为集原水、自来水、污水处理、水环境综合治理、清洁能源、科技研发等于一体的水务全产业链大型服务运营商，粤海水务当前在全国 17 个省区投资运营水务项目 110

水质巡查无人船。粤海水务供图

智能巡检机器人。粤海水务供图

个，服务人口近 1 亿，每日水处理规模达 5900 万吨，连续十年荣膺“中国水业十大影响力企业”。

从生产到运管 引领水务科技创新

在一片片熠熠生辉的巨大光伏板之下，清澈净透的水池倒映着天光云影，无论是巨型设备还是小型仪表都在有条不紊地自动运行，整个厂区极少看到人影……

记者在广州南沙黄阁水厂实地调研了解到，作为粤海水务打造的智慧水厂标杆示范点，黄阁水厂通过数字孪生技术，结合具有 AI 视频识别能力的轨道机器人等智能装置，工作人员在中控室即可实现远程巡检、工艺仿真、智能监盘、全厂布防等“一站式”操作，替代了原本每 2 小时一次的人工巡检，生产运行、故障排查效率均得到显著提高。而通过“AI模型+边缘计算”技术，黄阁水厂在关键工艺段实现“智能投加”，在保证水质达标的前提下，混凝剂投加量降低约15%。此外，通过“管网三层级分区”体系，黄阁水厂还实现了管网资产管理、模型运算、漏损控制、调度决策等应用的全面融合。该体系投用以来，每年可节约水资源约360万吨。

不仅有“智慧水厂”，据介绍，粤海水务还在广东省梅州市丰顺县打造了首座“碳中和”水厂，以“清洁能源+智慧管控”的全新模式，实现水厂二氧化碳零排放；在汕尾，粤海水务建设的粤东地区首座全地埋式污水处理厂，通过“智慧生产”“智慧运管”等智慧化系统的应用，在出水稳定达标的同时，整体能耗、药耗较同规模传统污水处理厂降低10%至15%。

在粤海水务水文化科技展览馆，记者还看到了多个具有国际领先水平的创新产品。例如粤海水务自主研发的新型膜材料——催化氧化—吸附耦合陶瓷膜，适用于以微污染水源为原水的净水工艺。与传统工艺相比，这种陶瓷膜工艺流程显著缩短，占地面积显著减小，同等效果的运行能耗降低20%至30%，反冲洗水相应可节省约30%至40%，打破了高端水处理膜产品的国外垄断。

针对目前农村供水存在的水源、水质、运输、运维等问题，粤海水务自主研发了农村供水一体化设备。设备采用工业化设计、模块化组装，可根据农村地区水源情况定制化工艺开发，较传统供水设备能耗降低60%，反冲洗周期最高可延长6倍。目前，设备已应用于广东省云浮、茂名等地26个镇、400多个自然村，为近50万乡村百姓安全优质供水，并有效实现节水降耗。

据介绍，粤海水务还牵头开发了“城市供水管网漏损检测与控制技

南沙黄阁水厂数字孪生。粤海水务供图

术”科研项目，相关成果广泛应用于公司下属企业及黑龙江、山西等地20多家自来水公司，每年节约水资源逾4000万吨，获得广东省科技进步二等奖。

此外，粤海水务还推出包括边缘计算网关、智能水表、适用于设备维修管理系统的AR眼镜等硬件设备。令人印象尤为深刻的是智能水表，粤海水务推出的无磁NB智能水表采用无磁传感技术，通过NB-IoT窄带物联网将水表数据每天准确、稳定地上传至智慧水务平台，给水务公司的数据分析和决策提供了依据，不仅提高了用户服务的满意度，也为水务公司的漏损控制提供了强大的数据支持。更为重要的是，这种智能水表无须整体更换，只需在传统水表上加装一个智能“盖子”，从而大大节省成本，也降低了推广难度。

有“高度”有“温度”形成繁荣创新生态

获得重点关注的独居老人家中遇险，水表会根据连续未有变化的数据，自动提醒社区工作人员或亲友上门查看。这是粤海水务正在研发的“独居老人关怀中心”，这个线上平台依托粤海水务大规模推广应用的智能水表，将用水量变化与用户日常用水习惯进行比对，发现异常情况及时预警。

在粤海水务的创新实践中，既有应用高新技术的重大科研项目，也有类似“独居老人关怀中心”这样贴近用户需求的小微创新，既有“高度”也有“温度”，从而形成独特的创新生态。事实上，水务科技一头牵着民生民心，一头连着国家战略，而繁荣的多维创新生态正是厚植新质生产力的沃土。

据粤海水务相关负责人介绍，从2008年起，粤海水务先后组建水技术研发部、战略研发部、研发中心，以企业发展需求为出发点，开展科技创新工作。2012年以来，粤海水务先后获批建设省级科技特派员工作站、广东省工程技术研究中心、广东省博士后创新实践基地及国家级博士后科研工作站，建立了高校与企业科技和高层次人才交流的桥梁，提升自身研发实力。2020年，粤海水务进一步升级科研平台，与哈尔滨工业大学共建国家工程研究中心，与清华大学深圳研究生院、香港大学等多个湾区高校、研究院所共建粤港澳大湾区水安全联合创新中心，并与国内头部科创企业携手打造了国内首家鲲鹏智慧水务联合创新实验室，共同推进物联网、人工智能、边缘计算和5G等前沿技术的创新研发与技术升级。

目前，粤海水务建有十余个国家、省市各级创新平台，拥有国家高新技术企业9家、省级专精特新企业3家，获授权专利百余项，参与编制国家、行业等各类标准超30项，8次获得省部级科技奖项。其中，一体化智慧水利水务解决方案提供商科荣公司，是粤海水务控股的国家高新技术企业，具备原水、自来水、排水全产业链水务应用产品开发与实施能力。自2018年引入粤海水务战略投资，科荣公司目前拥有专业技术人才近500名，专利等知识产权100余项。近几年，粤海水务科技板块营收、利润稳健增长，正逐步成为企业新的增长引擎。

着眼未来，粤海水务将持续发挥互补优势，开展协同创新，推动产学研深度融合，积极打造原创技术“策源地”。同时，对接国家战略需求，聚焦行业发展趋势和企业生产运营需要，在智慧水务、新材料、环保装备等方面开展关键技术研究与储备，大力发展水务新质生产力，加快数字技术与生产经营深度融合，加强技术应用推广，推动传统水务向数字化、智能化、决策科学化升级，助力水务行业朝智能、高效和可持续的方向发展。

（吴蔚）

03 深圳“驯水记”

经过多年努力，深圳已在全国率先实现全市域消除黑臭水体，被国务院评为重点流域水环境质量改善明显的5个城市之一，并成为全国黑臭水体治理示范城市。

从污水横流到水清岸绿，从“头痛医头、脚痛医脚”到全流域治理，深圳在建设中国特色社会主义先行示范区的新征程上探路“先行”，走出一条超大型城市水污染防治的绿色发展之路。

告别“黑臭”

2020年4月的深圳，鲜花绽放，明净如镜。沿着茅洲河洪桥头段一路向南，两岸草木茂盛，河水清澈见底，白鹭翻飞觅食，连片的浅滩湿地孕育着勃勃生机。

“作为深圳最大河流，茅洲河已连续5个月实现国考断面水质达标，让沿岸居民重拾戏水摸鱼的美丽乡愁。”土生土长的河段长洪伟江说。

眼前的宜人风景，来得并不容易。

20世纪70年代末以后，深圳在不断发展、扩张的同时，河流淤塞污染，水质江河日下。“茅洲河沿岸居民曾多年不敢开窗，走路要捂着鼻子。”住在附近的居民王燕菊说。

茅洲河是深圳污染最严重的河流之一。几年前的统计数据显示，全市310条河流中有159个黑臭水体，在全国36个重点城市中数量最多；茅洲河、深圳河等五大河流水质均为劣V类；河、湖、涵、沟、渠、塘等小微黑臭水体1467个。

几年来，深圳全市累计投入1200亿元，统筹推进茅洲河、深圳河等为代表的重污染河流治理，并以此为牵引带动周边环境整体提升。

“我们最初采取截污方式，沿河设置箱涵阻断污水，但效果不佳，污水经常溢流进河，怎么也截不住。”时任深圳市河道管理中心主任曾亚说，当地治水走过一些弯路，后来意识到治水根子在岸上、核心在管网，治水策略逐步转向源头，着手全流域治理。

——上下联动、齐抓共管。深圳建立高位推动的组织领导机制，由市主要领导担任总河长、副总河长，成立水污染治理指挥部，建立“一河一人、一巡一报、一日一督”检查机制和干部专项考核机制，构建起高效协同的治水格局。全市有1057名市、区、街道、社区四级河长和647名湖长，累计巡河7.3万人次，整改问题1.2万余个。

——大兵团作战、全流域治理。打破以往“条块分割、零敲碎打”的做法，聚焦治污基础设施历史欠账，牢牢抓住管网这个核心，以“绣花”功夫推进雨污分流、源头治理。

全市已处置一级水源保护区违建1069栋，拆除黑臭水体沿河违建134万平方米；新增污水管网6275公里，完成小区、城中村正本清源改造13536个；建设生态补水工程138个、人工湿地24个。

一湾清水绕，万顷绿地肥。深圳市生态环境局副局长尹杰说：“2019年10月底以来，深圳159个黑臭水体已连续实现不黑不臭，其中101个达到国家地表水Ⅴ类。截至2019年底，全市1467个小微黑臭水体全部完成整治，水环境质量实现根本性改善。”

产业升级

在茅洲河一号底泥处理厂，河道底泥被加工成陶粒、透水砖、景观石等建材，有些就铺设在附近的湿地公园。

“这些河道里挖出的底泥，我们先从中把沙子洗出来用作建材，剩下的淤泥做成泥饼，烧结成环保透水砖。”底泥处理厂运营单位中电建副总工程师翟德勤说。

据测算，茅洲河全流域需处理底泥500万立方米，这家底泥处理厂月处理15万立方米。2016年以来，中电建在底泥处理领域完成专利申请超过40项，其中14项已获得国家发明专利授权。

为切断污染源，深圳通过升级改造一批、整合搬迁一批、关停取缔一批等措施，完成全市1.4万余家“散乱污”企业综合整治，并建设多个环保科技创新产业园，推动高排放企业入园管理、环保升级、集聚发展。

除去“散乱污”，转型“高精尖”，深圳以河流建设为抓手，努力将治水的“投入”转化为产业升级的“产出”。

在茅洲河畔低矮的旧工业楼群中，全至科技创新园非常显眼。“它的前身是茅洲山工业区，原有39家五金制品、配件包装、塑胶生产等传统企业，年产值1.2亿元。”园区总经理曾楚恒说，改造升级后进驻科技企业180多家，年产值达到80亿元。

这只是一个缩影，茅洲河流域通过环境整治释放出15平方公里土地，拓展了重大产业项目、重要基础设施的布局空间，产业承载能力显著增强，转型升级步伐明显加快。

记者看到，这里已从昔日的“散乱污”、劳动密集型企业云集，到如今天安数码城、长江股份等一批高新技术产业和上市企业入驻，茅洲河流域正成为当地产业转型发展的“新引擎”。

不同于茅洲河，以高档写字楼为主的深圳河流域，因水环境的持续改善，聚集越来越多的高科技创新企业。“落户创业工场，公司看中的既是当地的营商环境，更是日益改善的生态环境。”深圳显扬科技有限公司创始人丁克说。

一年多来，位于深圳河中游的粤港澳青年创新创业工场已引进人工智能、电子信息等领域创新企业25家，新增知识产权349项。

2019年，深圳GDP突破2.6万亿元，新增国家高新技术企业2700家，万元GDP水耗由2010年的19.95立方米下降到7.93立方米，处于全国领先水平。

“经济增长和单位水耗指标走出了一条‘背道而驰’的曲线。”时任深圳市政府发展研究中心主任吴思康说，用更少资源、更少环境代价，去实现更有质量、更有效益、更可持续的发展，让深圳在水污染防治中走出产业转型升级的新路。

和谐共生

美人蕉、簕杜鹃、香根草等数十种花草，在占地4.3万平方米的观澜河人工湿地公园随风摇曳。每到傍晚或周末，这个集人工湿地、生态氧化池、生态砾石床、生命之泉、生态堤岸为一体的休闲公园，成为市民游客的“打卡点”。

“如果小跑起来，5 分钟可走完。若是放慢脚步，蹲下身来亲近一花一草、一虫一鸟，那是千百次都不够的。”市民许小玲说。

良好生态环境是最公平的公共产品，最普惠的民生福祉。深圳以河为轴、以水为魂，打造集行洪通道、生态廊道、休闲漫道、绿产链道、文化驿道“五道合一”的千里碧道行动，实现功能型河道向服务型城市公共空间转变，真正做到“还水于民”。

作为深圳一大“网红点”，燕罗湿地公园融合海绵城市建设理念，通过自然积存、自然渗透、水质净化等措施，使得污水、雨水经处理达标后就近回补河道，同时营造动植物栖息地，构建人水和谐共生的生态环境。

“消失多年的龙舟赛，重回茅洲河燕罗湿地段。”曾亚说，将河流治理与龙舟文化相结合，既传承传统文化，又展示水环境治理成效，兼具生态景观和科普宣教功能。

良好的生态环境是一个城市保持创新活力不可或缺的要素。在有着深圳“塞纳河”美誉的大沙河两岸，高科技企业和人才如雨后春笋般涌现。“这里让我想起留学时光，有时我和同事把‘会议室’搬到河边，在草地上边晒太阳边进行‘头脑风暴’。”在深圳科技园工作的陆思延说。

如今，南科大、哈工大（深圳）、清华深圳国际校区、北大深圳研究生院等科研院所相继成立，一条创新要素集聚、创新功能完备、创新能力卓越的创新走廊正在这里加速形成。

环境提升带来获得感的同时，也让不少市民加入护水治水行列。如今，深圳有 702 名志愿者河长和 12 万名“河小二”志愿护河队伍，成立了全国第一家志愿者河长学院。

“治水不只是治污，更重要的是重构整个水域的生态运行体系，让水清澈流动起来，让鸟儿、鱼儿、花儿、草儿等动植物‘住’进来，让市民与水亲近、人与自然和谐共生。”时任深圳市水务局副局长龚利民说。

2020 年是深圳“水污染治理巩固提升年”，深圳将在河流提质增效上下功夫，力争到 2025 年实现全市主要河流水质达到“可游泳”的Ⅲ类标准。

（周科、王丰、李晓玲）

04 从“黑臭河”到“生态河”

水清两岸绿、鸥鹭连片飞，七月盛夏里的深圳、东莞界河——茅洲河，连片的浅滩湿地孕育着勃勃生机。

“经过近几年治理，茅洲河又变回了我们小时候的样子，又可以岸边吹风散步、河里摸鱼捉虾了。”在茅洲河畔的洪桥头社区出生长大的居民洪永林开心地说。

眼前美好宜人的风景，来得并不容易。20 世纪 70 年代末以后，深圳和东莞在不断发展、扩张的同时，河流淤塞、水质污染等状况日益严重。这不仅影响了沿岸居民的生活，也成为严重制约深圳、东莞高质量转型发展的短板。“臭气几公里外都闻得到，我们沿岸的居民平时都不敢开窗户。”洪永林说。

2016 年，中央第四环境保护督察组督察广东，指出茅洲河整治工作落实不力、大量污水直排、水质污染严重等问题。也就在这一年，茅洲河开启全流域治污攻坚。

茅洲河畔的燕罗湿地公园美景如画。新华社记者梁旭摄

2022 年 7 月 8 日，茅洲河畔的燕罗湿地公园。新华社记者梁旭摄

2022 年 7 月 8 日，无人机航拍的茅洲河。新华社记者梁旭摄

“最初采取截污方式，沿河设置箱涵阻断污水，但效果不佳，污水经常溢流进河，怎么也截不住。”深圳市茅洲河流域管理中心河道管理一部相关负责人说。

面对治水难题，广东不断改进方法、探索新路，逐渐意识到治水根子在岸上、核心在管网，治水策略应转向源头，着手全流域治理。

上下联动、齐抓共管。省市主要领导挂点督导、担任河长；广东省生态环境厅建立完善流域协调会商机制；深莞两地各级党委、政府搭建

高规格联动工作平台；地市内部成立流域管理中心，统一调度“厂、网、河、站、池、泥”等。

大兵团作战、全流域治理。清理整治“散乱污”企业，淘汰重污染企业，推动流域产业转型升级；引进大型环保企业，全面推进污水干支管、毛细管建设，构建系统、完整、独立的污水收集管网体系；推进全流域正本清源、雨污分流，逐个小区、逐栋楼宇、逐条管网排查改造，打通排水管网最后一百米。

2022 年 7 月 8 日，无人机航拍的茅洲河。新华社记者梁旭摄

2022 年 7 月 8 日，市民群众在茅洲河畔的燕罗湿地公园里遛弯。新华社记者梁旭摄

经过全方位综合整治，茅洲河流域内 40 多个黑臭水体、300 多个小微黑臭水体已于 2019 年稳定消除黑臭；新建污水管网数千公里，完成数千个小区、城中村雨污分流改造……2022 年，茅洲河流域几十年发展的基础设施欠账逐渐补齐，“污水全收集、收集全处理”已基本实现。

治水增强了群众自主环境保护意识。民间河长、护河志愿者等民间群体巡河管理，与政府河长“手拉手”，形成全民治水护水新机制。

治水激发了流域新活力。曾经被取消了13年的茅洲河龙舟赛，在深圳茅洲河段燕罗湿地段重新开赛；东莞茅洲河段也迎来“迎春长跑”“盆菜宴”等民生活动……

治水打造出滨水活力空间。在茅洲河流域，深圳已建成6座生态湿地公园、10座雨水花园、45.6公里漫步道，以及茅洲河展示馆、南光绿境公园、左岸科技公园……茅洲河成为寓教于乐、怡人乐居的生态家园和自然课堂。

茅洲河治出秀水美景，也撬动了产业转型升级。在茅洲河流域，深圳通过碧道建设，将重污染企业集聚的工业厂房改造成小型城市综合体；建设江碧环境生态产业园，推动200多家分散的重污染企业集中入园、集聚发展……

“茅洲河的治理，实现了水清、岸绿、景美，探索出一条人与自然和谐共生、流域经济高质量发展的新路径。”时任生态环境部华南督察局局长岳建华说。

（周科、王丰、李晓玲）

05 探索工业再生水利用新模式

再生水是社会发展不可或缺的水资源之一，尤其对于缺水城市，再生水的使用在水资源总量中的比重很大。深圳市通过工业再生水“自用+外供”双循环利用，探索城市节水新模式。

“深圳市福田区人口密度大，企业数量众多，用水需求大，给水资源供应和分配带来很大压力；另一方面，相较于其他城区，天然水源相对匮乏，大多用水来自滨河水质净化厂的尾水，因此在节水，尤其是再生水利用上更要多下功夫。”深圳市福田区水务局相关负责人说。

企业是工业废水的“制造者”，也是再生水利用的源头和关键环节。对此，福田区鼓励和支持工业企业探索工业废水利用模式。同时，企业通过对再生水的循环利用也可以申请减免污水处理费和节约用水奖励。

“我们首先选择了一批用水量大且拥有一定节水技术储备的企业，作为开展工业再生水‘自用+外供’双循环利用模式的优先对象。”深圳市福田区水务局相关负责人说。

设置在公路上的取水口，可供市政工程使用。新华社记者李思佳摄

位于福田保税区的深圳赛意法微电子有限公司是福田区探索该模式的首个试点单位，企业生产过程中产生的工业废水经过处理，达到工业再生水标准。在满足企业自用之余，对外设立一些取水点，免费供市政杂用，替代自来水满足道路清洗、绿化浇洒等需求。

“过去，我们生产产生的工业废水经过处理后直接排入市政管网，这种做法导致了水资源的一定程度浪费。”赛意法公司负责人说，“如今，在政府的协助和支持下，在园内加装一套工业再生水供应系统，在园外设置一些取水口，日供应再生水最多达 240 立方米，全年可供应 50000 余立方米，基本实现了对内基于水质水量不同需求的循环利用，对外满足市政道路冲洗及绿化等用水需求。”

“这种工业再生水‘内用 + 外供’双循环模式是可复制、推广及应用的，尤其对一些工业企业聚集的区域，示范作用会更大。”深圳市福田区水务局相关负责人说，“下一步，我们将继续加大推广力度，并鼓励更多的企业参与到工业再生水循环利用模式中。让企业通过这种模式成为一个个小型、分散式的微型水质净化厂，实现工业废水减量化、资源化利用的目标，为保护水资源、建设美丽深圳作出更大的贡献”。

（李思佳）

第三章

『两化』互动

产业生态化和生态产业化，是生态产品价值实现的两大抓手。2024 年，深圳以“两化”为抓手推动绿色低碳产业取得新成效。以发展绿色低碳产业推动产业生态化，印发实施促进安全节能环保产业集群高质量发展的若干措施，发布绿色低碳产业认定管理暂行办法、绿色低碳产业指导目录和绿色低碳产业认定评价导则，构建绿色低碳产业促进规则体系，在体制机制、规则引导上走在全国前列，面向全球积极探索。

01 垃圾焚烧厂变身能源生态园

在深圳市，四座建筑体量巨大、造型优美独特的大型设施，成为市民排队登门拍照、参观的网红打卡地。而这些看上去像客家围屋、宇宙飞船、大型商场的设施，却恰恰是很长一段时间内让人闻声色变、“人人避之不及”的垃圾焚烧厂。过去二十多年里，深圳市国企深圳能源环保股份有限公司（下称“深能环保”）用“建一座工厂，还一个公园”的环保理念，以超欧盟标准让垃圾焚烧厂变身为能源生态园，不仅在国内超大城市中率先实现生活垃圾全量焚烧，解决了“垃圾围城”危机，还打破了人们对垃圾焚烧厂的固有印象，变“邻避设施”为“邻近设施”。

建一座工厂　还一个公园

成立于 1997 年的深能环保，其使命就是解决“垃圾围城”问题。当时国内垃圾焚烧发电技术尚处于起步阶段，经过三年的调研、考察，深能环保选定了炉排焚烧炉技术路线作为引进技术，踏上了垃圾焚烧领域的征程。

从最早在2001年建设南山垃圾焚烧发电厂和盐田垃圾焚烧发电厂开始，深能环保就按照欧盟排放标准进行项目设计。2015年，深能环保提出“建一座工厂，还一个公园”建设理念，并在2016年盐田垃圾焚烧发电厂去工业化和提标改造工程中，成功打造“产、学、研、宣、游”五位一体的现代化能源生态园。“垃圾焚烧操作室边上居然有咖啡厅”，参观的市民纷纷因这两个对比强烈的场景共处一室而感叹。自此，垃圾焚烧发电厂有了新名字——能源生态园。

伴随着宝安能源生态园、南山能源生态园二期、龙岗能源生态园陆续投入使用，深圳在2019年成为首个实现生活垃圾全量焚烧的超大型城市。截至2024年8月，深能环保在深圳已投入使用的四个能源生态园每日处理近2万吨生活垃圾。随着人口越来越多，垃圾处理量持续增加，深能环保目前在新建龙华能源生态园和光明能源生态园。

“我们现在把能源生态园打造成工业旅游项目，每个能源生态园都不一样，结合当地资源特点设置特色主题。”深能环保相关负责人告诉记者，南山能源生态园打造了循环再生艺术展览馆，宝安能源生态园打造了垃圾处理历史科普馆，龙岗能源生态园打造了莲影之境数字艺术馆。这些特色展览馆，如今已成为市民网红打卡点。“高峰期，一个能源生态园一天里要接待8组参观团。”

截至2024年8月1日，深能环保在深圳的四个能源生态园已累计接待社会各界参观20万人次。

强技术严标准　破解“邻避效应”

实际上，深圳在发展垃圾焚烧发电的过程中，也不可避免地遇到过“邻避问题”，龙岗能源生态园从批复到建成，历经 18 年，期间七易其址。从“人人避之”到排队参观，背后是强技术支撑起来的严标准。

在发展垃圾焚烧的过程中，深圳从一开始就参照欧盟标准对烟气排放进行严把控。从最早引进欧洲的三段式烟气处理工艺建设南山垃圾焚烧发电厂开始，深能环保逐步升级到四段式、六段式、七段式烟气处理工艺，推动焚烧烟气排放的深圳标准优于欧洲标准，比如氮氧化物、一氧化碳的排放浓度24 小时均值，深圳标准为每标准立方米80 毫克和30 毫克，而欧盟标准为每标准立方米 200 毫克和 50 毫克。

“我国的垃圾含水量比国外的高导致燃烧热值低，照搬国外经验烧不好，是当时垃圾焚烧厂普遍面临的一大技术难题。”深能环保技术及信息化部相关负责人说，“每条焚烧线每停炉检修一次要耗费数十万元成本，只有结合实际不断地改进技术才能实现设备稳定且高标准的长周期运行，降低停炉检修次数。”

为了解决进口设备“水土不服”且价格高昂的问题，探索出符合我国垃圾特点的焚烧技术体系，深能环保在引进技术的同时，也对引进技术进行了全面国产化，并将同期开工和建成的两个项目设置成对照组进行技术比对：南山垃圾焚烧发电厂直接采用国外引进技术建设，盐田垃圾焚烧发电厂采用消化吸收国外引进技术后形成的国产化技术建设。

“针对垃圾热值低这一特点，我们通过生产运行不断摸索，增加了垃圾的存储时间、改进了焚烧炉炉膛设计，便于着火和烘干；应用冷焊技术解决了垃圾成分复杂导致受热面腐蚀的问题；采用低温选择性催化还原技术脱除烟气中的氮氧化物，研发飞灰无害化技术使烟气中的金属去除率达到 99% 以上……”谈到技术改进，深能环保技术及信息化部相关负责人滔滔不绝。

近年来，深能环保通过引入大数据、人工智能等技术，研发了烟气大数据预控系统，实现对环保排放的智能预测和控制。与传统的垃圾焚烧发电方法相比，烟气污染控制的稳定度提升 33%，能够更好地适应复杂、非线性的垃圾焚烧系统，持续推动垃圾焚烧烟气超洁净排放。

开枝散叶　传播中国绿色发展理念

伴随着绿水青山就是金山银山理念深入人心，2016 年起，深能环保项目在全国各地开枝散叶。辽宁大连、湖北武汉、青海西宁、广西桂林、河北任丘、安徽泗县、山东单县……都有深能环保的能源生态园项目。2024 年，深能环保还成功打入了国际市场。

截至 2024 年 8 月，深能环保项目遍及全国 40 多个城市，生活垃圾日处理能力共计 79000 吨。除了 54 个垃圾焚烧发电项目外，还有餐厨（厨余）处理、污泥处理、建筑垃圾处理、农林生物质发电、环卫一体化、废水处理、危废（医废）处理、填埋场治理等项目，不断拓展上下游全产业链布局。

2021 年 7 月，国家发展改革委将深能环保打造的集“生活垃圾焚烧发电 + 科普教育 + 休闲娱乐 + 工业旅游”四位一体的能源生态园这一“创新生活垃圾分类与处理设施建设模式”，列为 47 条深圳创新举措和经验做法之一向全国推广。

持续创新的深圳垃圾焚烧产业，不仅在全国各地开枝散叶、开花结果，还成功打入国际市场，将中国的环保理念和环保技术传播到海外。

哈萨克斯坦首都阿斯塔纳市政府为解决城市环境问题，计划建设一座垃圾焚烧发电厂。2024 年 1 月，哈萨克斯坦政府考察小组对深能环保龙岗能源生态园进行了非预先通知的现场考察。考察组回国后，将垃圾焚烧发电厂项目名称更改为“阿斯塔纳能源生态园项目”，深能环保母公司深圳能源被选定为设计运营投资方。

2024 年 7 月，在阿斯塔纳举行的中哈企业家委员会第七次会议上，深圳能源与阿斯塔纳市政府签订了合作框架协议，双方就能源生态园项目开发达成共识。

深圳能源相关负责人说，将秉承绿色发展理念，坚持高标准设计、高质量建设、高水平运营的“三高”质量理念，向世界推广深圳建设“无废城市”经验和“建一座工厂，还一个公园”模式，推动合作框架协议内容落地，打造该司在中亚的首个地标性现代化综合生态园。

02 以"数"为媒 打通固废垃圾治理"堵点"

作为全国首批"无废城市"建设试点城市，深圳探索超大型城市固体废物治理样板，搭建起制度、市场、技术、监管四轮驱动的建设框架体系，通过数字化建设全面提升固体废物利用处置能力，推动"无废城市"建设日趋规范化、标准化、全域化。

作为全国首批"无废城市"建设试点城市，近年来，深圳以探索超大型城市固体废物治理样板为使命，搭建起制度、市场、技术、监管四轮驱动的建设框架体系，通过数字化建设全面提升固体废物利用处置能力，推动"无废城市"建设日趋规范化、标准化、全域化。

完善政策制度体系让"无废城市"建设有章可循

"无废城市"是一种先进的城市发展模式，是实现城市低碳绿色可持续发展的重要途径。建设"无废城市"，不仅需要先进理念来引领，更需要严密制度作保障。

2019 年开始，深圳作为全国首批“无废城市”建设试点城市，以探索超大型城市固体废物治理样板为目标，陆续印发实施多个方案文件，搭建起制度保障先行，市场、技术、监管并驾齐驱的建设框架体系，全面提升固体废物利用处置能力，让“无废城市”建设有法可依、有章可循。

城市生活垃圾处置是推进“无废城市”建设的焦点问题。深圳市在成为试点城市后，第一时间出台《深圳市生活垃圾分类管理条例》，以强制分类为依托，实施生活垃圾分类奖惩措施，推动市民主动分类推动生活垃圾分类收运处理；高标准建设生活垃圾焚烧设施，对分类后的其他垃圾进行无害化处理，实现原生生活垃圾“零填埋”。截至目前，深圳生活垃圾分类回收利用率达超过 50%。

2021 年，深圳印发《深圳市关于进一步加强塑料污染治理的实施方案》，围绕禁限塑料生产、禁限塑料使用、替代产品开发、回收利用处置、强化工作保障 5 方面出台 59 项任务。在餐饮、宾馆、酒店、邮政快递等领域禁止、限制不可降解塑料制品的生产、销售和使用，全面推广塑料替代产品市场应用。

为继续深化“无废城市”建设，2022 年，深圳又对标日本东京、美国旧金山、新加坡等城市和地区，出台了《深圳市“十四五”时期“无废城市”建设实施方案》，提出通过八大行动，建设 24 项指标，落实 36 项重点工程及 110 项任务，全力推动资源循环与减废降碳。力争到 2025 年，生活垃圾、工业固体废物产生强度“趋零增长”，原生生活垃圾、市政污泥、一般工业固体废物、农业废弃物零填埋，城市源头减废成效显著；各类固体废物循环利用、“变废为材”、“变废为能”等资源化利用能力显著提升。

大数据平台助力实现全链条精细化管理

记者调研了解到，随着城市的快速发展，原有的城市固体废物回收处理流程在精细化、智能化方面显得力不从心。对此，深圳主动求变，瞄准科技发展前沿，谋划建设全新的数字化智能系统，激活固废产业活力、提高市场资源配置效率。

2020 年，深圳正式启用生活垃圾全过程分类管理平台。据介绍，该平台基于“5G ＋物联网＋ AI”的核心技术，集合全市的垃圾分类可视化管理、数据分析、辅助决策等模块和功能，创新应用分类投放点射频识别（RFID）、视频监控、车载称重、AI 识别等物联感知技术，实现从投放点、收运车辆到处理设施的全过程监管。

据该平台运营方平安智慧城市科技有限公司智慧环保事业部副总经理李晓晖介绍，平台有效运行的背后是大量技术创新。例如，该平台将物联网技术与垃圾量源头数据采集需求相结合，实现源头投放点厨余垃圾量自动采集，并将数据实时传输到“e 分类”App，减少人工录入厨余垃圾台账的环节；在投放点管理方面，引入 AI 技术，通过 AI 模型发现违规问题，帮助物业及时发现问题、解决问题，整个整改闭环管理在“e 分类”中操作，提升了物业作为垃圾分类管理责任人的履职能力。

此前，各区、各街道先期已经建设了各种不同类型的系统终端，规格不同，标准不一，难以兼容。深圳市城管部门通过定制统一通信标准，为第三方提供开发接口，兼容各类一线通信设备，从而打破信息孤岛和通信条块隔离，解决不同形态、不同厂商的通信设备互联互通问题。

据悉，目前，深圳城市垃圾处理已实现“一张图”“一盘棋”监管。“e 分类”正在深圳市 5000 多个小区、城中村逐步推广，福田区还启动了 AI 监管功能试点，进一步通过无纸化台账大幅提升垃圾分类的管控效率。

数字赋能建立工业固废全周期智慧管控系统

聚焦固体废弃物产生强度高、回收利用水平低、处置缺口大等突出问题，以园区为单位集中推进多类固体废弃物的资源化循环利用，是深圳打造无废城市的特色模式之一。

近年来，深圳聚焦固废收集、处置、交易三大关键环节，借助企业力量开发“工业固废数字化管理平台系统”“深圳固体废物交易平台”，已探索形成包括第三方治理、园区集合循环等在内各具特色的工业固废产业化运作模式。

“产废单位和处置单位可以在固废交易平台注册公开账户。产废单位可通过平台查找处置单位，处置单位也可以向产废单位发布信息，推动产业链各环节互动对接，从而解决固废市场价格信息不透明、产废企业议价能力弱、处置企业营运成本高等一系列问题，达到规范固体废物收运处置交易市场的目的。”深圳市生态环境局固体废物和化学品处副处长林昆山表示，在信息化服务支撑以及市场化引导下，深圳市危险废物处置价格已实现显著下降。

“长期以来，大家对一家企业的关注大多停留在产值、产品、服务、技术等方面，数字化赋能也大多结合在这些领域。躲在环节末端、工厂后门的回收问题，却往往容易被忽略。”深圳市优废环保科技有限公司相关负责人介绍，该公司运用“物联网+”帮助企业对工业固废进行数字化闭环管理，并提供一整套解决方案，目前这套系统已在深圳多家产业园区中推广应用。

据介绍，下一步，深圳将持续完善固体废物处置交易平台，深度开展区域合作，推进粤港澳大湾区城市固体废物利用处置设施资源共享，推动固体废物包括再生资源、废旧物资的二手交易等业务进入固废交易体系。

（卫韦华）

03 低碳城市发力数字化智能化

经济总量居于亚洲城市前列，能耗强度和碳排放强度只有全国平均水平的 1/3 和 1/5；清洁电源装机占比近 80%，绿色建筑超 1.4 亿平方米；实现公交车、出租车全面纯电动化，全市上路行驶的新能源汽车超过 50 万辆；2021 年 $PM_{2.5}$ 平均浓度取得新突破，为 18 微克 / 立方米以下，空气质量综合指数连续 9 年跻身全国前十……

作为我国主要的经济重镇，深圳在经济社会快速发展的同时，落实国家应对气候变化战略，以减污降碳协同增效为总抓手，发力数字化、智能化与人文生态，破解空间、资源、人口、环境难题，建立健全绿色低碳循环发展经济体系，能耗强度、碳排放强度处于我国各大城市最低水平和国际先进水平，资源能源利用更加高效，产业低碳特征更加鲜明，城市生态环境更加优化，低碳发展环境更加完善，成为全域创建国家生态文明建设示范市的超大型城市，先后获批国家首批低碳试点城市、国家可持续发展议程创新示范区等。“深圳蓝”“深圳绿”已经成为低碳节能、绿色发展的城市名片，绿色发展动能强劲。

数字经济助力特区低碳转型

7 月 1 日起正式施行的《深圳市碳排放权交易管理办法》，明确建立碳普惠机制，对小微企业、社区家庭和个人的节能减排行为进行量化，将碳普惠核证减排量纳入碳排放权交易市场核证减排量交易品种，鼓励组织或者个人开立公益碳账户，购买核证减排量用于抵销自身碳排放量，实现自身碳中和。

当前，“双碳”目标已经成为我国经济社会发展的主要趋势，绿色消费的拐点已经到来。为推动形成绿色低碳生产生活方式，深圳先行先试抢抓机遇，打造绿色发展的“深圳样板”。

实现“双碳”目标，需要数字经济助力。深圳利用经济条件发达、基础设施建设完备、互联网科技力量雄厚、大数据开发便利等优势和特点，优化数据信息采集功能，发挥数据聚集效应，实现低碳行为数据的高效采集、汇聚和量化。

2022 年是深圳碳市场开市 9 周年。自开市以来，深圳碳市场流动性连续多年位居全国第一，碳配额累计成交量 6570 万吨，成交金额 14.63 亿元，以约占全国 7 个碳交易试点 2.5% 的配额规模，实现了 12.81% 的交易量和 11.33% 的交易额占比，名列全国前茅。与此同时，深圳碳市场运行以来减排成效显著。截至 2020 年底，管控制造业企业平均碳排放强度下降 40.29%，增加值平均增长 61.64%，实现了碳排放量和碳强度双重下降，经济增长的同时有效控制了碳增长。

数字经济在推动我国达成“双碳”目标、实现零碳经济的过程中发挥

深圳国际低碳城。资料照片

着举足轻重的作用。在深圳，低碳转型正与数字经济不断“擦出火花”，通过各类场景的打造，构建起了全民参与的碳普惠体系，小微企业、社区家庭和个人通过绿色出行、绿色消费、绿色生活、绿色公益等节能减碳行为产生的减排量，均可量化转换成碳积分。

深圳还在国内率先探索打通个人碳账户与碳交易市场，2021 年末上线的全国首个碳普惠授权运营平台“低碳星球”，就将用户参与的公共出行行为，科学核算成二氧化碳减排量，积累相应碳积分，为碳数据提供可靠可信的永久记录，确保了数据存储的安全高效，形成了低碳行为数据聚集平台与碳交易市场平台互联互通的“双联通”体系。

在特区深圳，数字经济还助力传统企业和行业进行低碳转型。数字化技术与传统产业的深度融合，促进了传统产业和企业减少对资源能源的消耗，实现转型升级与产业链结构的优化。

记者从深圳地铁集团了解到，2021 年，深圳地铁全线网全年累计运送乘客 21.7 亿人次，全市公共交通分担率达 60.4%。按照《深圳市低碳公共出行碳普惠方法学》测算，相比一般市内出行，乘坐地铁每人每公里可减少 46.8 克二氧化碳排放，深圳地铁单日通行人次减碳量超过 2000 吨，2021 年全年共实现碳普惠减排量 78.4 万吨，相当于 3.92 万公顷林地的一年吸收量。

此外，深圳还在城市轨道建设中启动绿色节能科研项目，通过技术创新，在工程建设项目中实践智慧照明、光伏发电、智慧控制等理念，为节能降耗“添砖加瓦”。

深圳国际低碳城。资料照片

智能化提升城市智慧碳运营能力

在深圳龙岗区，一座规模达 2 平方公里的“双碳+”产业新城引人注目。近年来，华侨城集团旗下的深东集团联合龙岗区政府在这里建设了国际低碳城文化会议中心、低碳城滨水公园、零碳公园和一个近零碳与可持续发展的示范社区等多个项目。

记者走进片区内的近零碳与可持续发展示范社区，这个由云碳智慧中心零碳运营的社区由新桥世居客家围屋有机更新而来。新桥世居属清代建筑，距今已有两百多年历史，曾获评“深圳十大客家古村落”。华侨城深东集团总规划师白鹂介绍说，云碳智慧中心这个“社区大脑”对整个社

区的碳源分布、碳排放进行实时监测、总量控制，通过动态的碳大数据管控能力，形成个人、企业、社会组织等全社会碳清单。

据了解，这个项目开发了国内首个社区近零碳智慧管理平台，智碳中心作为零碳社区的“智慧大脑”，依托互联网、物联网、5G、大数据等技术，实时在线管控社区能源、设备、光伏、碳排放、碳足迹等数据，形成了一整套碳排放计算、碳积分发放和低碳活动运营的智慧平台。

深圳可持续发展研究院执行院长张亚龙表示，目前，近零碳排放已经成为企业入局“双碳”赛道的切口。其中，数字化、智能化技术应用于传统的“双碳”建设中，结合大数据和云平台，具有低成本、高效率、精准化等优势，成为“双碳”赛道中的新亮点。

历经十年绿色化发展探索，总规划面积 53.4 平方公里的深圳国际低碳城，目前已初步形成低碳产业聚集效应，汇集了一批优秀企业和创新平台，国际低碳清洁技术合作与交流平台、深圳排放权交易所与金融机构碳金融合作项目纷纷落户，为低碳产业发展提供了载体。

走进深圳国际低碳城，青山环绕，河谷穿流，优美的自然生态中，生活社区、工业园区整齐排布，处处可见低碳元素：低碳会展中心、体验中心等地标建筑林立；全市首条氢能公交示范线开通；近零碳与可持续发展示范社区不断完善；能源“管理云”、净零能耗建筑、零碳公园、零碳社区等一批集成了 200 多项先进低碳技术的应用示范项目已经建成。

随着低碳产业的渐次落地，深圳国际低碳城片区实现“华丽转身”：片区内拥有国家级高新技术企业 245 家，规模以上企业 314 家，产业能耗水平十分亮眼，规模以上工业万元 GDP 能耗更低至 0.073 吨标准煤 / 万元，领跑全国；产业转型升级，经济实体不断壮大。2020 年，国际低碳城规划范围内地区生产总值达 163.02 亿元，较规划初期 2012 年的 54.07 亿元增长 108.95 亿元；规模以上工业增加值达 92.96 亿元，较

2012年的29.78亿元增长63.18亿元。

优越的生态环境和区位优势使这里成为深圳唯一一个以绿色低碳为鲜明特质的重点发展区域。人工智能、大数据、智慧城市等先进技术融汇而成的智慧内核，推动了深圳国际低碳城片区综合运用云计算、区块链、物联网、GIS等技术，实现辖区内温室气体排放空间可视化和温室气体排放清单编制工作的信息化，为城市管理者提供了更加科学合理的动态管控工具，全面提升了城市的智慧碳运营能力。

从人文生态视角建设碳中和社区

社区作为城市的细胞单元，是践行低碳理念的重要空间载体。深圳市在建设碳中和社区时，除了注重节能和建筑碳排放等硬实力之外，还关注到人文生态软实力的提升，将碳中和社区建设与激活本地文化、改善社区微型生态环境、基层治理、党建等结合在一起，在社区层面进行创新探索。

深圳市盐田区大梅沙社区是深圳首批近零碳社区创建单位。这里面朝大海，四季花开，绿意葱茏，被誉为“三面青山环碧海，银滩秀峰半城湖”，社区独特的海洋文化生态价值，近年来也得到人类学研究者的重视。盐田区通过净山净滩、零废弃生活、社区共建花园等行动，在绿色能源、绿色交通、绿色建筑和厨余垃圾处理等方面，积极探索碳中和社区建设的人文生态之道。

时任深圳市生态环境局副局长文忠说，深圳作为中国特色社会主义先行示范区，在生态环境领域也承担着引领示范的历史使命，正率先打造人与自然和谐共生的“美丽中国”典范。深圳本土自然与历史研究者、生态学者南兆旭，最近在深圳推动设立一系列具有特殊科学与生态价值的微型自然保护点，目前首批20个遍布深圳的微型自然保护地规划已出笼，有的小的保护地就在社区中。他说：“人与其他两万多种生命在深圳这个城市是共存共生的，包括一鸟一虫，一草一木，更包括蓝天绿水。我们要在有限的城市空间里，关注这样一些很小的生态共存区。”

北京大学深圳人文学院执行院长于长江教授也认为，“双碳”、生态、环保之类的话题，看起来好像是一个自然科学、生物学的话题，实际上是一个人文社科类话题，没有人就没有生态，“双碳”技术只是手段，最终我们还是要通过“人文”的培育和支持，改变人的行为。这在当前更是一个基层治理问题。“换句话说，生态文明建设的基础是文化生态的保护和建设。实现近零碳，社区除了需要多方面的科技创新和技术突破，还要从人文生态视角出发，发掘碳中和社区建设新思路。”

万科公益基金会近年来以“可持续社区”为目标，组织了多种活动不断推动实现人与社会、人与自然之间和谐共进的关系。在不断提高“硬件”、技术开发与突破的同时，在碳中和建设中更重视“软件”与“人文”的培育和支持。

据了解，自2021年以来，万科公益基金会积极参与深圳大梅沙碳中和社区建设，聚焦社区生活废弃物，特别是有机垃圾在地资源化处理方法，在梅沙园区开展“黑水虻处理站+堆肥技术研发”，取得显著的引领作用。基金会还从提升社区生物多样性、社区文化挖掘入手，与基层社区治理和党建引领相结合，推动大梅沙社区居民参与绿色低碳生活方式，创建近零碳排放社区，取得不小的进步。

（李晓玲）

04 从文化生态视角看碳中和社区建设

国家发展和改革委员会发布的《“十四五”新型城镇化实施方案》，提出推进新型城市建设，加快转变城市发展方式。绿色，与宜居、韧性、创新、智慧、人文一起，被视为新型城市的六个衡量标准。绿色，堪称新型城市的鲜明底色。

社区作为城市的细胞单元，不但是人们工作、生活和居住的家园，也是城市践行绿色低碳理念的重要空间载体。研究探索符合各地实际的碳中和社区建设理念、路径和方法，是新时代推进新型城市建设、实现双碳战略目标的题中应有之义。

城市不是自然生态的敌人

南兆旭（深圳本土自然与历史研究者、生态学者）：我们最近在深圳推动设立一系列具有特殊科学与生态价值的微型自然保护点，目前首批 20 个遍布深圳的微型自然保护地规划已出笼，有的小的保护地就在社区中。人不是食物链的顶端，人与其他两万多种生命在深圳这个城市是共存共生的，包括一鸟一虫，一草一木，包括蓝天绿水。我们在有限的城市空间里，关注这样一些很小的生态共存区，因为大自然就是最好的博物馆。

高丙中（北京师范大学人文和社科高等研究院教授）：城市应该是自然生态的呵护者与保护者，这是城市应有的创新所在。近年来我国多个大城市的考古发现证明，城市的地底下埋藏着文明演进的草蛇灰线，见证着我们这个民族是怎样参与人类文明进程的。

闵庆文（中国科学院地理科学与资源研究所研究员）：城市在利用现代科学技术和理念的同时，要借鉴传统的智慧，特别是传统的农耕智慧。我们在浙江青田进行的稻鱼共生系统实验发现，在共生模式下单位面积的水稻产值与单作相比明显增高，温室气体排放量却大幅降低。由此可见，传统农业不是生态农业的敌人，而恰恰是现代生态农业理念和技术的源泉。

城市和社区也可以借鉴这种共生理念，让城市不再是自然生态的敌人。传统农耕的智慧对我们今天碳排放、碳储存应有更大贡献。农业不应被人们理解为只是生产农产品，它还能给我们提供生态保护和文化传承的功能。城市设计和建设中，要吸收农耕智慧，给当代人带来亲近自然和农产品的机会。

重识城市生态具有的“双生态理念”

李晓玲（新华社记者）：在探索双碳道路过程中，近零碳排放或碳中和社区建设不仅关乎能源、电力、交通等硬件更新和技术突破，在社区层面还需要与基层治理、绿色低碳生活方式推广和社会公众参与等密切关联，这些都离不开基于人文生态的思考与行动。

生态文明建设不仅仅是如何保护环境的科学问题，往深里走，它也是一个文化问题。人类文明发展的观念应超越西方固有的城市文明发展模式，把单纯追求物质财富和规模增长目标转向对自然与社会、传统与未来、群体与空间等多种关系和谐共生发展的关注中，寻求整个文化生态的和谐与可持续发展。

于长江（北京大学深圳人文学院执行院长）：没有人就没有生态，双碳技术只是手段，根子上我们还是要通过人文的培育和支持，改变人的行为。实现近零碳，社区除了需要多方面的科技创新和技术突破，还要从人文生态视角出发，发掘碳中和社区建设新思路。

高丙中：生态文明建设的直接目标是节约能源、保护环境。事实证明，仅靠科技进步解决不了生态保护问题。要重新认识城市生态具有自然生态和人文生态的“双生态理念”，把文化生态的保护与发展和双碳的目标结合在一起。

摒弃“三高”生活方式

吴丹（深圳市委党校公共管理学教研部副教授）：中国传统文化里蕴含着朴素而丰富的低碳生活文化价值观。碳中和社区建设首先就是要对消费主义的价值观和生活方式进行转换整合，引导社区居民逐渐摒弃对环境不友好的高消费、高浪费、高排放“三高”生活方式，形成与我们低碳生态相适应的新型生态文明价值观。

张亚龙（中国可持续发展研究会人居环境专委会副主任）：可以为社区居民开办可全国通行交易的个人碳账户。居民的碳足迹可以在碳币交易平台上记录下来，换算成碳排放量和碳信用值，计算出个人每天实际减排多少，直接进入排污交易所进行碳交易。还可以在碳中和社区设立“碳长”作为零碳管家，向居民传导低碳理念，调动社区减碳积极性。

贾峰（生态环境部宣传教育中心首席专家）：我们可以把双碳目标作为一种人们能够接受的时尚生活方式来应用推广。生态环境部成立了骑行协会，这是中央国家机关第一个骑行组织。自行车是廉价无污染的替代交通，也是与环境、气候友好的行为。我们期待在日常消费领域，以骑行为突破口实现绿色出行，让骑行文化成为我们的生态文化。

李晓玲：《“十四五”新型城镇化实施方案》提出，“开展绿色生活创建活动，倡导绿色出行和绿色家庭、绿色社区建设”。在具体措施、分解目标上，方案还明确要求，促进工业、建筑、交通等领域绿色低碳转型，推动公共服务车辆电动化替代，到 2025 年城市新能源公交车辆占比提高到 72%。显然，这些与碳中和社区建设是完全契合的。

陈湘波（关山月美术馆馆长）：无论做什么，最后要实现减排的落脚点是人，我们每一个人都是生态终端的一环。要把绿色发展理念融入每个人的心中，通过人文的、艺术的、美学的观念持续影响人们的行为方式，再与科技手段结合起来，建设永续发展的碳中和社区。

第四章

山海奔赴

深圳，这座充满活力的城市，正以“全球标杆城市”为目标，不断探索和优化其城市设计。借助自然生态的基础，深圳致力于满足人民日益增长的美好生活需要，构建一个连接生态、生活和乐趣的“山海连城”格局。

01 推窗见绿　出门进园

在“创新之城”深圳，这座面积不足 2000 平方公里的城市里，1320 个公园星罗棋布。

从特区建立前仅有 2 个公园，到建成“千园之城”，再到如今迈向全域公园城市，“公园即城市、城市皆公园”的人居愿景在这里落地生根，“推窗见绿、出门进园”成为人民的生活日常。

“千园之城”迈向全域公园城市

2019 年，深圳实现“千园之城”目标；2022 年，《深圳市公园城市建设总体规划暨三年行动计划（2022—2024 年）》出台；2024 年，《深圳市国土空间总体规划（2021—2035 年）》得到国务院批复，提出“到 2035 年建成全民共享共惠、充满活力的国际一流公园城市”；2025 年 5 月，《深圳经济特区公园条例》正式施行……

深圳持续推进全域公园城市建设，规划引领、制度创新，公园年年“上新”，不断提质升级。

香蜜公园、人才公园、前海石公园等高品质、国际范的公园成为亮眼的城市名片；人民公园、四海公园等老公园经过改造焕发新生；虹桥公园、雪竹径公园、北站中心公园等一批新建公园带来了区域品质的蝶变。

深圳市公园管理中心介绍，截至2024年底，深圳全市公园数量达1320个，人均公园绿地面积14.75平方米，预计到2035年将建成各类公园1500个以上，实现居民5分钟可达绿色开敞空间。

通过实施山海连城、生态筑城、公园融城、人文趣城四大行动计划，深圳全市公园布局的均衡性和可达性明显改善，基本形成“蓝绿为底、疏密有致、山海连城、

这是 2023 年 2 月 1 日在深圳福田国家级自然保护区拍摄的红树林湿地（无人机拍摄）。2 月 2 日是“世界湿地日”，国家林业和草原局在 2023 年世界湿地日中国主场活动上公布，广东深圳福田红树林湿地等被列入《湿地公约》的“国际重要湿地”名录。新华社记者梁旭摄

四季有花”的城市风貌。

科技赋能 开放共享

来到笔架山体育公园，把车停在超充站充电，点一杯机器人制作的咖啡，在室外智能健身房锻炼身体，手机下单30分钟后，无人机携带着外卖从天而降……

从2024年起，深圳向科技企业开放公园应用场景，在莲花山公园等多个公园开通了16条无人机配送航线，咖啡机器人、智能琴房、无人AI商店、智慧跑道、无人清洁车、无人清洁船、剪草机器人、巡逻无人机、植保无人机、无人机AED急救等智能设备遍布全市主要公园。

与此同时，深圳公园开放共享还催生了“公园+文化+商业”的新业态。2025粤港澳大湾区花园大赛举办期间，10天累计吸引128.3万人次参观，直接消费突破2048.6万元，带动附近商圈销售额同比增长40%，“公园经济”释放出强劲消费动能。

在中国城市规划设计研究院发布的《中国主要城市公园评估报告（2024年）》中，深圳跻身公园周边活力值排名前三的城市。深圳，正借助公园周边活力值激活“城园共生”模式，促进公园与周边功能融合，推动生态资源转化为经济价值，实现生态效益与经济效益双赢。

通山达海 畅享自然

春天，在莲花山公园放风筝；夏天，在洪湖公园赏荷花；秋天，在四海公园拍落羽杉；冬天，在深圳湾公园观候鸟……千园千面，万般好景，在深圳，总有一个公园可以治愈人心。

除了遍布全市的公园，深圳还依托山海资源，创新构建了“鹏城万里”多层次户外步道体系。3600 公里户外步道将公园、社区、郊野串珠成链，衔接自然与城市、山林与社区，联通城市生态毛细血管，使得“山、海、城、园”有机融合。

全长 200 公里的鲲鹏径，横贯深圳市域东西。鲲鹏径一号桥为野生动物栖息迁徙预留充足的空间，打造了人类与野生动物互不打扰、和谐共生的“双通道”。“它既是远足径，也是生态廊道。”深圳自然与历史研究学者南兆旭说。

“我们将深入贯彻落实中央城市工作会议精神，持续推进公园增量提质、集群连片。”深圳市公园管理中心主任周超说，深圳将创建“通、达、和、美”的全域公园城市，努力实现“整个城市就是一个大公园”的目标，把人与自然和谐共生的现代化城市美丽图景绘成现实。

（梁旭）

02 深圳提前实现“千园之城”目标

2023 年 12 月 20 日在深圳人才公园拍摄的“大黄鸭”（无人机拍摄）。当日，2023 深圳湾公共艺术季在深圳人才公园开幕，包括“大黄鸭”在内的 12 件出自国内外艺术家之手的雕塑和装置作品在该公园向公众展出。新华社记者毛思倩摄

截至 2023 年 9 月，深圳已经建成各类公园 1090 个，提前一年实现“千园之城”建设目标。

据介绍，目前深圳全市 1090 个公园总面积 39319.4 公顷，公园绿地 500 米服务半径覆盖率达到 90.87%，成为名副其实的“公园里的城市”。深圳市将公园建设作为民生实事和“美丽深圳”建设的重要内容全力推进，提出到 2020 年全市建成公园一千个以上。

从 2006 年开始，深圳构建“自然公园—城市公园—社区公园”三级公园建设体系。城市中央，各具特色的城市公园构成了城市的绿色躯干；一些可用的绿地、住宅区边角的地方都拿出来“见缝插绿”，形成社区公园；城市近郊山林、绿地、自然山体和海岸建成森林（郊野）公园等自然公园。

截至 2023 年 9 月，深圳有自然公园 33 个，占地 30084.56 公顷；城市公园 152 个，占地 7980.34 公顷，社区公园 905 个，占地 1254.499 公顷。三级公园体系基本实现了市民出门 500 米可达社区公园，2 公里可达城市综合公园，5 公里可达自然公园的目标。

（王丰）

03 从“千园之城”迈向“全域公园城市”

不到2000平方公里的市域面积内，高密度地工作生活着2000多万人，2024年创造了3.68万亿GDP的巨大经济总量，却没有想象中的排放与污染，反倒为市民们打造了一个安全高效的生产空间、舒适宜居的生活空间和碧水蓝天的生态空间，让“深圳蓝”“特区绿”常年“霸屏”市民和游客的朋友圈。

从“千园之城”到全域公园城市，“推窗见绿、出门入园”，从城市走向自然，享受“山海连城”的美好生活，深圳正积极打造“人与自然和谐共生”的全球城市典范，在经济“又快又好”发展的同时，建设“又大又美”的特区新城，探索生态文明时代的城市治理样本。

空气质量持续领跑

深圳市气象局发布的《2024年深圳市气候公报》显示，深圳的

$PM_{2.5}$浓度又创新低，空气质量优良天数比例达97%，在全国168个重点城市中仅次于拉萨、海口，环境空气质量稳居全国超大城市第一；全年人居环境气候舒适日数达244天，连续第二年零霾日。“深圳蓝”已然成为城市的亮丽名片。

中国式现代化追求的是人与自然和谐共生的现代化。曾几何时，深圳也是污染严重的城市。随着经济快速发展，20世纪90年代深圳霾日开始振荡增多，到2004年达到历史最多，基本一年有半年时间出现灰霾。2019年以来，随着环境治理与保护力度加大，深圳的灰霾天数一直维持在个位数。2023年，深圳实现了全年零灰霾日，这是深圳建市以来首次记录到零霾日的一年。

今天的中国，经济增长与环境污染正逐步“脱钩”。深圳的大气污染防治也取得了重大进步，$PM_{2.5}$已连续下降到17.3微克/立方米，被美誉为“可以深呼吸的城市”，“深圳蓝”的“含金量”越来越高，深圳这“颜值出众”的底气从何而来？

近年来，深圳积极应对气候变化，完善落实“绿水青山就是金山银山”理念的体制机制，坚持源头防治、综合施策，协同推进降碳、减污、扩绿、增长，深入推进大气污染防治攻坚行动，通过立法、行政、经济和技术等多种手段综合整治，强化工业源、移动源、面源等污染源治理，不断优化产业结构和能源结构，从根本上保障了深圳治霾的有效性。

深圳是我国最早发展新能源汽车产业的城市之一，已成长为全球新能源汽车产业链最完整的城市。在深圳，公交、出租车、网约车电动化率达到100%，也是全国首个实现超充站数量超过加油站、充电枪数量超加油枪的“双超”城市。据不完全统计，2024年深圳新能源汽车渗透率已超75.9%，新能源汽车保有量超过119万辆，存量占比达27.4%，充电基础设施超过40万个，密度全国领先，光储超充一体化、车网互动

游客在深圳湾畔观赏候鸟。新华社记者梁旭摄

等新技术、新模式、新业态加速涌现，为进一步节能减排提供了更大助力。

瞄准“国际一流，国内最优”，深圳率先构建了世界先进的空天地一体化大气环境监测体系，建立了覆盖全市74个街道的“一街一站”智能

化、标准化空气质量自动监测网和覆盖 11 个区的大气光化学污染监测网。此外，还建有超过 50 种功能先进的大气观测超级站和 513 米全球最高立体高空站，实现了对城市空气质量全方位全天候监测监管，让大气污染控制更加精准。

站在深圳生态环境监测中心站一楼大厅，大屏幕上实时滚动着包括空气自动监测、立体塔监测、超级站监测等 16 个项目的数据。相关负责人告诉记者，这是专业人员运用数据孪生技术建立的大气监测数字孪生场景，能实时查看全市空气质量状况和自动站房运行情况，未来还将探索基于机器学习模型的 AI 技术，以提高空气质量预报的准确率和工作效率。

全市公园总数超 1300 个

2025 年 4 月，占地超 2.2 万平方米的三洲田樱花林进入盛花期，广州樱、中国红、富贵樱等品种的樱花相继绽放。

截至 2024 年 12 月底，深圳全市公园总数达 1320 个，是全国唯一一个城市中心有国家级自然保护区的城市。

深圳正从“千园之城”向“全域公园城市”迈进。根据《深圳市国土空间总体规划（2021—2035 年）》，深圳以生态空间格局为基础，将最具代表性的海湾、山体、河流、大型绿地等进行系统连接、交织共融和生态廊道贯通，构建起“一脊一带二十廊”的生态骨架，用纯生态方式打造了一批精品远足径。到 2035 年，深圳将建成各类公园 1500 个以上，实现居民 5 分钟可达绿色开敞空间，创新构建全域公园体系，建成全民共享共惠、充满活力的国际一流公园城市。

虽然陆地面积仅有 1997 平方公里，但深圳成功地将自然生态融入城市发展，2018 年深圳获得了“国家森林城市”殊荣。如今特区深圳建成区的绿化覆盖率高达 43.56%，人均公园绿地面积为 14.69 平方米，公园绿地 500 米服务半径覆盖率达 91%，山林海岸串联成网的绿道总里程有 3406 公里。

在深圳还隐藏着一个国家级自然保护区——福田红树林自然保护区。深圳大学大湾区红树林湿地研发中心研究员周海超表示，郁郁葱葱的红树林如同一条绿色的生命线，守护着这片海域的生态平衡。最近十年来深圳已累计修复红树林 43.33 公顷，湿地植被覆盖度达 95%，还入选了自然资源部和世界自然保护联盟联合评选的 10 个“基于自然的解决方案中国实践典型案例”。

人与自然和谐共生

深圳市规划和自然资源局近日公布了深圳野生动植物的最新“家底”：截至 2025 年 4 月，深圳累计记录自然分布的陆生脊椎动物 551 种，国家重点保护陆生野生动物 104 种，包括国家Ⅰ级保护野生动物 18 种，国家Ⅱ级保护野生动物 86 种。新发现黑叉尾海燕、白顶玄燕鸥、扁嘴海雀 3 个新物种。累计记录自然山地合计有维管植物 2234 种。其中国家重点保护野生植物 36 种，包括国家Ⅰ级重点保护野生植物 2 种，国家Ⅱ级重点保护野生植物 34 种。新发现拟蚬壳花椒、青茶香、九节龙等 16 个新物种。

深圳高度重视生物多样性保护，不足 2000 平方公里的土地上，有超过 2000 万人口与超过 2 万个物种在这里共处。从湿地到森林，从城市绿地到海岸生态，深圳向世界展示了一幅“人与自然和谐共生”的生动画面。

近年来，深圳通过构建以自然保护区为基础，森林、湿地、郊野、地质等各类公园为补充的自然保护地体系，以广东内伶仃－福田国家级自然保护区、广东梧桐山国家森林公园、广东深圳华侨城国家湿地公园、深圳大鹏半岛国家地质公园、珠江口中华白海豚国家级自然保护区 5 个国家级保护单位为代表，在拯救珍贵濒危野生动物、维护野生动物种群发展方面发挥了重要作用。

深圳市规划和自然资源局相关负责人透露，《深圳市野生动植物保护总体规划（2025—2035 年）》已编制完成，将于近期印发。这份《规划》以“山海共栖，万物生息”为愿景，以建设国际生物多样性友好城市、打造“人与自然和谐共生”美丽中国典范、野生动植物资源保护首善之城为总体目标，是深圳市野生动植物保护管理事业的顶层设计，也是指导深圳市野生动植物保护管理工作的纲领性文件。

深圳在经济社会高速发展的同时保有了丰富且典型的生物多样性。深圳本土自然与历史研究者南兆旭说：“深圳在狭小的地理空间里，给予了迁徙者多样的生存机遇，给予了逐梦者宽广的探寻之路，也是万千物种的共生之地。”

（李晓玲）

04 “山海连城”绘就“绿美”鹏城

一

山与海相拥，人与城共融。人与自然和谐共生的绿美意象，是深圳全面贯彻党的二十大精神，扎实推进“绿美广东”建设的生动缩影。

近年来，深圳坚持“绿水青山就是金山银山”理念，持续优化城市空间布局，统筹点、线、面全域推进“绿美广东”建设，以“绿”为底、向“美”而行，大力实施“山海连城”计划，打造“一脊一带二十廊”魅力生态骨架，走出了一条超大城市高质量发展与高水平生态建设协同推进的示范路径。

下面，请随我们一起来看深圳如何高处“起笔”、细处“运笔”、实处“落笔”，绘就鹏城“绿美”画卷。

山海相映、蓝绿相融——深圳如何铺就“绿美”底色？

如何在经济高速增长的同时实现人与自然和谐共生，是摆在所有现代化城市发展面前的长期课题。

在深入推进“绿美广东”生态建设中，深圳全面践行“两山”理念，站在人与自然和谐共生的高度谋划经济社会发展，充分发挥深圳山海相依的地域特色，以山为脉、以海为源、以花为媒，330 公里巍巍青山挺出城市绿美脊梁，220 公里滨海蓝带串起都市生态珍珠，365 天全年花期开启市民生活美学，率先打造高密度城市化地区人与自然和谐共生的中国式现代化典范。

寸土寸金的深圳
330 公里生态绿脊横贯东西
百万亩翠玉如茵植就绿色根基

一直以来，深圳将绿色、宜居、可持续作为规划建设的主线。截至 2021 年底，深圳拥有超 10 万公顷绿化覆盖面积，绿化覆盖率达 45%，人均绿地面积达 16 平方米，成为全国最“绿”城市。

“绿色”是深圳发展的底色。深圳市委书记孟凡利表示，节能、低碳、环保成为深圳高质量发展中的“绿色名片”。

为进一步巩固生态基座，深圳规划打造一条长达 330 公里生态绿脊，让城市空间与自然野趣亲密相伴。这条横贯东西的 330 公里翠脉，线路西起罗田森林公园，东至大鹏半岛国家地质自然公园，犹如绿水青山间铺开的一轴斑斓画卷，串联起光明森林公园、凤凰山森林公园、梧桐山风景名胜区等 20 余个自然郊野公园，深圳绿美意象尽收眼底。

在这里，你可以穿过百公里自然山林，看大运绿道上神仙湖水库的波光粼粼；也可以登上数十个全景看台，观赏深圳山海之美；或是攀上梧桐绿道和梅林绿道至高处，体悟“一览众山小”的奇观；或去半山绿道、凤凰山绿道、禾塘山水绿道，一路探寻野生动植物的足迹，感受山、林、湖、洲的和谐共生。

市民康女士说，“一路上景色很好，在山上能俯瞰整个城市，而且上山台阶的石块，利用自然条件设计得也很巧妙，跟山融合在一起”。

半水半城的深圳

220 公里滨水活力带醉美水际

穿山沿海尽享山海人城交融

蜿蜒的岸线、清澈的海水，是深圳的特色、也是鹏城人的乡愁。深圳全市拥有 260 公里海岸线、50 处自然沙滩、51 个无居民岛礁，以及大小河流 300 余条，大小湖库 168 座。

让涓涓绿水浸润到城市的各个角落，是打造绿美鹏城的关键，也是系牢人城情感的纽带。

“很多市民为了看海不得不穿过滨海大道，甚至有些翻过机动车道，穿过绿化隔离带，靠着铁栏杆看海”，深圳市公园管理中心有关负责人回忆道。

如今，这样的“亲海之困”已然成了过往。

截至 2023 年 2 月，深圳正在打造一条汇聚海湾、半岛、湿地、沙滩的滨海蓝带，一边利用滨海公园、沙滩浴场等活化滨海公共空间，一边利用碧道、河岸公园等创建亲水生活空间。

这条 220 公里的滨海蓝带，如同“城市飘带”一般蜿蜒在山海之间，城市与自然的边界被柔化，与自然亲密交融的乐趣也逐渐回归至都市人的生活。

这条 220 公里的滨海蓝带，成为深圳推动发展帆船、游艇等水上运动的重要载体，持续吸引着世界 500 强企业、海内外高端人才入驻鹏城。

每年，深圳在大鹏海域举办高级别帆船比赛 20 多场，其中每年十月举办的“中国杯”帆船赛更是全亚洲规模最大、最具影响力的大帆船赛事，吸引着数十个国家百余艘帆船参加。

2022 年 11 月，深圳成功举办了“深圳湾国际游艇展”，这场华南地区交易规模最大、最具形象力的游艇盛会，展示着深圳滨海蓝带的多彩与活力。

一季一色的深圳
365 天全年花期步移景异
市民悦享宜居“花漾”生活

风光旖旎、四季花开，似乎是所有城市人对宜居生活的美好向往。如何在“弹丸之地”怡然自得？如何在“水泥森林”中悠然漫步？

近年，深圳以工匠精神提升城市环境品质，市、区、街道三级联动，见缝增绿、种花添美，全市已建成 80 条“花卉景观大道”、248 个花漾街区、444 个街心花园、300 多个花园路口。

春有洋紫荆、夏看蓝花楹、秋闻桂花香、冬见异木棉……如今，深圳的大街小巷，随处可见花团锦簇，各类花事花展也成为城中盛事。莲花山公园簕杜鹃花展、洪湖公园荷花展、东湖公园菊花展和人民公园月季花展等专题花展，让市民群众尽享万紫千红、精彩纷呈的花事嘉年华。

粤港澳大湾区花展是深圳举办规模最大、最高端、最具国际范的花事盛会。每年 3 月，深圳与各国参展商共赴“春天的约定”，以一场绿色生态的时尚聚会，向世界展示更多自然之美，用花的语言讲述不同文化背景下人与自然的故事。截至 2023 年 2 月，共打造亚洲、欧洲、美洲、大洋洲、非洲 14 个国家的 28 个风格各异的主题花园。

未来，深圳将着力强化山林优质植物景观资源的保护利用，培育梧桐山毛棉杜鹃与吊钟花、梅林山禾雀花、银湖山木荷花等 7 处本土山林花景，增加城市色彩季相变化，营造“山海连城、四季有花”的花境花景。

还将打造城市眺望系统，以低扰动原则建设可观山海风貌、可赏城市繁华的观景点 20 余处，为市民提供多样化的观景体验。

二

山廊相通、河网相连——深圳如何贯通“绿美”脉络？

人民城市人民建、人民城市为人民。能参与、可感知、有野趣、接地气的“绿美”才是真正服务于民的“绿美”。

在深入推进“绿美广东”生态建设中，深圳坚持系统观念，充分发挥“山海林田河草湿”全要素集聚的生态优势，注重从自然出发重塑城市文明价值体系，通过连山、通海、贯城、串趣，高水准、高质量规划打造 20 条生态游憩廊桥、5000 公里多层次户外步道，让山海自然本底形成更加完整连续的生态网络，让山海林田湖草城成为和谐共生的生命共同体，让市民在城市中心自由畅快地与山海晤谈、与万物相逢。

20 条景观廊道贯城串趣
未来的深圳
连生态、连生活、连生趣

深圳近 2000 平方公里的土地上，汇聚了山、海、林、田、河、草、湿等全自然要素，这在国内外大城市中都极为罕见。

如何把这些相互交映却又相对独立的自然瑰宝“串珠成链”，让市民能一次性翻山踏浪、游遍山海，成为鹏城人参与“绿美”、感受“绿美”的关键。

为打通生态断点，提升生态资源的连贯性、可达性、一体性，深圳规划打造20条山水生态廊道，修复联通五指耙山廊、平峦山山廊、清林径山廊和茅洲河水廊、大沙河水廊、福田河水廊、龙岗河水廊等重要山水空间，构建出“多中心组团式生态型”城市空间格局，实现家门口慢跑5分钟即可“上山下海进园”。

山海连廊的布局下，两种秩序、不同风景，人与自然保持着最亲密但又互不打扰的距离。深圳市市长覃伟中说，未来的深圳，将是一片山海城交融的生活家园、人文与自然野趣相伴的户外乐园。

2021年，连接莲花山公园、笔架山公园的生态廊桥全线贯通，实现两山不过红绿灯。2022年8月，深圳首条山海通廊——塘朗山—大沙河—深圳湾通廊实现全线贯通。

一些市民将自己的行走体验分享在社交平台上，不少网友留言，“塘朗山去过好多次，以前都是从龙珠门入口进去，下次可以走新线路了”“没想到从塘朗山这么近就到大沙河了”。

未来，深圳还将有24条像塘朗山—大沙河—深圳湾这样的山海通廊，从山边到海边，形成丰富的远足径郊野径网络、生态网络，市民从家中背着背包出门，就可以贯穿东西。不光人能畅快通行，动植物也能有一个连通的空间，人与自然和谐共处的氛围将越来越浓厚。

山海通廊不仅串起了山林城海，也串起了美好生活，为深圳这座现代化大都市带来了更多的魅力、活力和国际影响力。

2022年，被国际田联与中国田协双认证的“双金赛事”——深圳国际马拉松开赛，万名跑者沿“绿”而动，途经滨海休闲带、深圳湾人才公园、大沙河生态长廊等，在现代化的深圳湾超级总部基地奔跑、在青山秀水的凤凰山森林公园奔跑、在面朝大海的西湾红树林奔跑，用脚步丈量这座国际化湾区滨海城的生机与繁华，感受山水相连、人水相依的独特魅力。深圳这座“马拉松之城”也在国际上以“绿美生态”再度出圈。

1255公里河网沁润大地
未来的鹏城水
润青山绿树、润万家灯火、润百姓人心

河流，是绿美生态，也是百姓乡愁。她承载着城市的记忆与文明，始终与人们的生活点滴、城市的飞速发展息息相关。

在深圳这片南粤沃土上，362条绿水日夜不息，1255公里河网滋养大地。守住这涓涓绿水，就守住了绿美之源，守住了发展之本，守住了百姓人心。

2022年，深圳首批山海连城建设项目——大沙河生态长廊全线贯通。整条生态长廊分为学院之道、城市森林、活力水岸三大主题段，沿线既有公园、水库等特色景观，又有高尔夫公园、大塘朗山等绿地空间，形成生态多样，丰富流动的人文景观，成为市内最大的滨水慢行系统和最靓丽的“城市项链”，与深圳这座宜居城市相映生辉。

大沙河的景观重塑，打破了人与河川的隔阂，连接起周围社区，吸引居民于河畔休憩散步、交流聚会、欣赏风景。2022年3月，大沙河生态长廊获评全省生态修复十大范例。2023年2月，每天约有4万人访问大沙河生态长廊，大沙河再次成为居民记忆中那个舒适宜人的滨河浪漫空间，成为深圳居民新的“乡愁”。

绿水之美，不仅美在两岸绿茵青葱莺飞草长，更美在碧波之上的“速度与激情”。

2022年，深圳西丽湖国际科教城内，名校牵手研究机构组成X9联盟“成团出道”，11月6日，首届X9赛艇联赛在大沙河生态长廊开赛，往日宁静的大沙河顿时活力四射。

在这条碧水长廊上，多名院士并肩携手、劈波斩浪，来自清北、南科大、深大的莘莘学子挥桨逐浪、奋楫争先。绿美之水，掀起了青春活力的动感热潮、生态文明的绿色风潮、科技创新的前沿浪潮。

“鹏城万里”全境步道通山达海

未来的深圳人

走得进山、亲得近水、赏得了城

林廊绿道连公园、连社区、连商区、连风景旅游点、连休闲度假区、连产业观光园，具有高度串联带动属性。深圳连绵延伸的绿道，串联起重要城市节点、历史建筑、自然景观、商业中心，成为鹏城人用脚步丈量“绿美”的生态通道。

截至 2021 年底，深圳已建成总长度达 2843 公里的绿道网络，平均密度达 1.2 公里每平方公里，串起 382 个绿道“公共目的地”。2022 年，又新建郊野径远足径 248 公里、绿道 60 公里、碧道 270 公里。

从深圳上方俯瞰，大大小小的绿道犹如一条条“毛细血管”，在钢筋水泥森林中绽放“绿美”光彩。

2023 年，深圳按照“低干扰、轻介入”原则，全力打造“鹏城万里”品牌绿道，规划到 2035 年建成超 5000 公里的全境步道，实现绿道、碧道、远足径、郊野径、古驿道、海滨栈道、城市慢行道等“多道融合”，着力构建步步见绿、路路有景、景随步换的绿美城市格局。

据不完全统计，深圳绿道使用人数已近 5000 万次。深圳每年举办的百公里穿越活动，80% 的路线都在绿道上。打开社交软件，关于“深圳绿道”的笔记多达数万篇，在近日推出的“我最喜爱的绿道评选”活动中，深圳 10 条精品绿道获得市民点赞 29.3 万次。

三

城园相拥、人城相融——深圳如何激活“绿美”脉搏?

绿美生态是最普惠的民生福祉，也是城市健康肌理的外化表现。绿美空间是最具吸引力的人才磁场，也是衡量市民生活质量、居住幸福感和满意度的重要标尺。

在深入推进“绿美广东”生态建设中，深圳坚持以人民为中心的发展思想，统筹生产、生活、生态三大空间布局，以生态筑城、山海连城、公园融城、人文趣城行动为抓手，见缝插绿、还绿于民，高水平打造宜居城市、公园城市，持续增强绿美空间有效供给，大力推动绿美生态服务均等化、普惠化，真正实现生产空间集约高效、生活空间宜居适度、生态空间山清水秀，真正实现现代文明与自然生态的碰撞融合。

在深圳

公园是可以“拥抱”的

1238 座花园景随身行

出门入园、推窗即景

绿荫如盖的公园，是市民百姓的休憩之地，也是城市文化的涵养之所。

近年，深圳从“点、线、面”多维塑造公园城市，公园化建设小微绿地，全方位挖潜城市空间，大力推广“零碳公园”“负碳公园”“社区公园”“口袋公园”，利用科技园区、产业园区、交通枢纽场站等复合建设点状、线状“类公园”，为鹏城“增绿添美”。

以前的深圳，“在城市里寻找公园”；如今的深圳，“在公园里遇见城市”。

出门 500 米可达社区公园，2 公里可达城市综合公园，5 公里可达自然公园……面积不到 2000 平方公里的深圳已建起超 1000 座公园，平均每年新建 39 个公园，公园总面积已达到 3.81 万公顷，公园 500 米绿地服务半径覆盖率超 90%。

从“城市的公园”转变为“公园的城市”，不只是文字顺序的简单调整。

2022 年，深圳出台《公园城市建设总体规划暨三年行动计划（2022—2024 年）》，打破公园边界设定，将城市与自然融为一体，一座人、城、境、业有机融合的绿美之都精彩呈现在南海之滨。

未来，深圳将加快建设中心公园—笔架山公园—莲花山公园—梅林山公园—银湖山公园“五园连通”工程，推进海洋新城公园群、前海公园群等 8 个滨海公园群和光明科学城公园群、低碳城公园群等 11 个城市公园群建设。今年，还将改造提升 12 个自然郊野公园，复合利用各类功能空间创建“类公园”、共建花园 120 个。

深圳市规划和自然资源局相关负责人说：“公园城市通过对生态、生产、生活要素的系统性协调、组合、相融，形成覆盖全市的一个‘山海城交融’的大系统，让市民走进来就像在自己家里的花园一样。”

在深圳
建筑是可以“呼吸”的
1.4 亿平方米绿色建筑诗意栖居
既是建楼，也是种树

作为改革开放后发展最快的城市之一，如何处理钢筋水泥和青山绿水之间的关系，是深圳持续探索绿美、实践绿美的重要课题。

深圳不止植物“绿”，更有建筑“绿”。

建筑是人的栖身之所，与每个人息息相关。发展绿色建筑，为市民

2023 年 2 月 1 日在深圳福田国家级自然保护区拍摄的红树林湿地（无人机拍摄）。在中国科技创新之城深圳，茂密的红树林东起新洲河口、西至深圳湾公园，怀抱城市中心区域，沿海岸线形成了长约 6 公里的“绿色长城”，为每年数以十万计的候鸟留下弥足珍贵的国际迁徙通道。新华社记者梁旭摄

提供健康、舒适、安全的工作和生活空间，是深圳重要的民生工作，也是让城市生活更低碳、更美好的有效手段。

作为全国首个全面强制新建民用建筑执行节能绿建标准的城市，深圳颁布实施了绿色建筑条例、建筑节能条例、建筑废弃物减排与利用条例、绿色建筑促进办法等地方性法规规章。

截至 2022 年底，深圳累计有超 1500 个项目获得绿色建筑评价标识，总建筑面积超过 1.62 亿平方米，成为全国绿色建筑建设规模和密度最大的城市之一，被住建部誉为住房和建设领域的“绿色先锋”城市。

不同于传统建筑的“被动式”发展理念，深圳绿色建筑打破自然环境与城市空间、建筑空间的隔阂，更“聪明”地使用自然资源，实现不砍山、不填水，向自然借土地、阳光和雨露。

深圳建科大厦通过最大程度自然采光、自然通风和低耗能设计，整体节能率为 60%；深圳平安金融中心采用窗帘太阳自适应控制系统等绿色技术，比起同规模的传统建筑可节省 46% 能耗。目前，深圳单位建筑面积的年均能耗仅为美国的 23.5%、欧盟的 30.1%，建筑领域节能减排成效显著。

在深圳
社区深处遇见“微型绿洲”
“向往的生活”照进现实
繁华、宁静只是一转身的距离

“高密度”是城市未来发展不可逆转的趋势，如何在高密度、高容积率的有限空间里优化人居环境，是深圳一直追求的目标。

近年，深圳以绣花功夫大力打造共建花园，街道边角地或小区闲置绿地，经由企业、社会组织和社区居民等多方力量之手，变身为一个个家门口的美丽花园，市民成为赏花弄草的“园长”，展现出人人参与建设、人人享受成果的

2023 年 2 月 1 日，红树林湿地与城市的高楼大厦形成人与自然和谐相处的景象。新华社记者梁旭摄

“绿美”新风采。2023年年初，全市各区已建成共建花园240个，2022年底前将增加到360个。

作为离老百姓最近的绿色共享空间，共建花园是打开家门口“世外桃源”的一把钥匙，是实现“山海连城、公园深圳”愿景的重要一环，也是深圳构建“政府引导＋社会参与”城市治理机制的先行探索。

只有让更多的社会力量参与到“绿美”建设中来，才能让“绿美”更好地融入生活、沁入人心。

在共建花园里，市民不仅有机会享受都市里的田园生活，更能协调邻里关系，形成社区凝聚力，逐渐塑造出人与人和睦共处、人与自然和谐共存的城市氛围。

从此，深圳这座极具现代感、未来感的现代化都市，也拥有了田园美意、晴耕雨读的美好。

在深圳
林间湖畔跃动点点绿意
既是城市“后花园”
更是人才“会客厅”

环境好，则人才聚、事业兴。深圳在推进绿美生态建设中，时时处处事事想到人才，不断将生态优势转化为人才优势、发展优势。

在后海片区，深圳打造了全国首个以人才为主题的公园，它既是深圳人才政策宣传的一扇窗口，也是深圳人才享受生活的一片乐土。人才公园毗邻深圳湾超级总部基地，周边环绕着腾讯、阿里、华润、迈瑞等诸多知名企业总部，70%以上的高层次人才在这里集聚。

人才赋予公园灵魂，公园彰显城市精神。深圳大力开展公园城市建设，其中一个重要原因就是提升城市的核心竞争力，用“绿美”生态吸引人才，留住人才。

“深爱人才，圳等你来”，深圳人才公园的湖面上，激光投影出八个大字。在这里，随处都能闻到“人才的味道”，处处都能感受到深圳识才爱才敬才用才的社会氛围。

人才星光桥横跨湖面而建，矗立着30余位深圳各行各业的杰出人物星光柱，彰显出深圳对人才的致敬和大力引进之决心；绿道两侧的π桥，数字排列到圆周率小数点后第2017位，寓意着深圳创新无止境之追求。

高朋满座的“求贤阁”，常年定期举办院士讲堂，已经成为深圳一个多层次、宽领域、高水平的人才交流平台；园内特别设计的最美公式长廊，将创新人才理念与绿道巧妙结合，人们在这里漫步游憩，感受智慧光芒；公园里的未来人才实践基地，近年举办了系列青少年创客活动，为孩子们埋下一颗热爱创新的种子。

“绿美”生态也是“创新”生态。2022年10月，南山区“人才日”系列活动在深圳人才公园拉开序幕，当天现场同时举办人工智能人才发展论坛，并设置产品供需对接展，54家企业携创新产品参展，9家企业发布新品，8家单位达成合作意向现场签约。

05 十万候鸟常驻“中国硅谷”

有“中国硅谷”之称的深圳，近年来持续实施生态修复工程。2018年，市区中心占地300多公顷的红树林自然保护区已重现生机与活力。每年10月至次年3月，近200种、10万多只鹭、鸥、雁等候鸟来这里停歇。

2018年3月22日，在煦暖阳光下，数以万计的候鸟在深圳湾畔的深圳红树林自然保护区里聚集翱翔。来自全国各地的观鸟者聚集在这里，用各种“长枪短炮”拍摄鸟儿们动人的身姿。

鸟类是森林、湿地生态系统的重要组成部分，灵敏、深刻地反映着自然环境的变迁。深圳市观鸟协会对近10年来深圳鸟类种类、数量的监测数据显示，截至2017年12月，深圳有记录的鸟类为366种，比2000年增加了86种。香港观鸟会的普查数据显示，2017年全球共录得濒危鸟类黑脸琵鹭3941只，其中有375只在深圳湾一带过冬。

“城区中心可用作建造楼房和商业建设，但从长远来看，给子孙后代留一片绿色十分必要。”深圳市创建国家森林城市工作领导小组办公室相关负责人说。

早期由于片面追求经济发展，一些企业盲目向深圳河排放废水、废料，红树林保护区也深受其害，植被大面积退化，越冬候鸟一年比一年少。

为给喧嚣的城市留下一片宁静的“后院”，深圳一方面通过划定生态红线、提高生态“增量”等措施，及时遏制城市的无序扩张和过度开发；另一方面通过污水截排、清淤还湖、红树林补植、专设“爱林护鸟队”等措施，对保护区的生态进行修复和保护。截至2017年底，深圳全市公园总数达942个，形成了“自然公园—城市综合公园—社区公园”三级公园体系。目前，深圳还在推进国家级森林城市建设，规划建设中的11条“生态廊道”将把自然公园、自然保护区、公园绿地和道路绿地等点线面结合起来，构成城市间彼此相连的完整生态系统，为珍稀植物和野生动物的迁徙、栖息及保护提供有力保障。

（王丰）

06 探索国际都市湿地保护之路

《湿地公约》第十四届缔约方大会 2022 年 11 月在武汉召开，中国向世界作出“保护 4 条途经中国的候鸟迁飞通道”“在深圳建立‘国际红树林中心’”等庄严承诺。

深圳，中国的科技创新重镇，以电子信息产业闻名世界，但就在这座超大城市里，人们深怀对自然的敬畏之心，常年珍视并小心翼翼地保护着数十公顷的稀有红树林湿地，为数以十万计的候鸟保留下弥足珍贵的国际迁徙通道。

2022 年 10 月 31 日，在深圳湾畔的广东内伶仃岛—福田国家级自然保护区的红树林湿地上，工作人员通过高清拍摄设备发现，在保护区鱼塘内聚集了成群的黑脸琵鹭，仔细一数，竟有 100 多只，它们在水边一边洗刷清洁羽毛，一边觅食补给，开启越冬季。

“10 月 13 日开始观测到黑脸琵鹭的身影，没想到才几

2022 年 10 月 31 日，飞抵广东内伶仃岛—福田国家级自然保护区的黑脸琵鹭和其他候鸟。保护区管理局供图

天就已经聚集了 100 多只 。”广东内伶仃岛—福田国家级自然保护区科研室相关负责人介绍，目前，已有约 1 万只候鸟飞抵深圳，准备越冬。

在这些候鸟中，黑脸琵鹭分布区域狭窄，种群数量极为稀少，是全球最为珍稀的鸟类之一。香港观鸟会的普查数据显示，2017 年全球共录得濒危鸟类黑脸琵鹭 3941 只，其中有 375 只在深圳湾一带过冬。

作为候鸟万里迁徙之路中重要的“中转站”和“加油站”，同时又是繁华的科技城市，深圳如何在发展经济的同时保护好人们栖居的自然环

2022 年 10 月 31 日，飞抵广东内伶仃岛—福田国家级自然保护区的黑脸琵鹭和其他候鸟。保护区管理局供图

境，一直是城市发展的难题。

深圳规划与自然资源局相关负责人接受新华社记者采访时说，多年来，按照《中华人民共和国湿地保护法》《广东省湿地保护条例》要求，深圳开展多样的湿地资源保护策略，细化完善湿地分级分类保护体系，截

至 2022 年 10 月底，全市正式挂牌建设湿地公园 15 个，其中国家级湿地公园 1 个、市级湿地公园 10 个。

为了给喧嚣的城市留下一片宁静的“后院”，深圳市政府一方面通过划定生态红线等措施，遏制了城市的无序扩张和过度开发；另一方面，则

这是 2022 年 11 月 5 日拍摄的《湿地公约》第十四届缔约方大会开幕式现场。新华社记者孙瑞博摄

通过出海口污水截排、清淤还湖、红树林补植等措施，对保护区的生态进行修复和保护。

鸟类是自然野生动物中最具代表性的类群，是森林、湿地生态系统的重要组成部分，灵敏和深刻地反映着自然环境的变迁。目前，每年冬天有十万只以上候鸟在深圳湾停歇，其中，除黑脸琵鹭外，反嘴鹬种群数量也超过全球个体数量的 1%。

杨琼介绍，除了黑脸琵鹭，10 月 31 日当天还发现了约 15 只白琵鹭，以及一位相识 3 年的老朋友——K 34 黑琵。“它脚上戴鸟类环志标识 K 34，说明它来自韩国，今年是它来深圳越冬的第三个年头了。”杨琼说。

珍爱湿地、保护湿地，为候鸟保留一条国际通道的，不止深圳——连日来，在浙江省杭州市余杭区的瓶窑镇北湖草荡、福建省明溪县夏阳乡夏阳村湿地、广西合浦儒艮保护区、海南儋州湾湿地等地，都发现了黑脸琵鹭的身影。

“黑脸琵鹭是生态环境的指示性物种，多以未受污染的小鱼、虾、蟹等为食，种群的增多，见证着中国生态环境的日益改善。”深圳市观鸟协会副秘书长张高峰说。

在《湿地公约》第十四届缔约方大会召开之际，以国际红树林中心为契机，深圳的湿地保护正在迈入新阶段。

深圳规划与自然资源局相关负责人介绍说，建立“国际红树林中心”，意味着深圳还将肩负更多国际交流合作责任，成为全球红树林保护和国际合作的重要基地。

（王丰、梁希之、梁旭）

07 见证“国际红树林中心”落户

2023 年 2 月 1 日，两只黑脸琵鹭在福田红树林湿地里觅食。新华社记者梁旭摄

《湿地公约》第十四届缔约方大会 2022 年 11 月正式通过了关于设立“国际红树林中心”决议草案，全球首个“国际红树林中心”落户中国深圳。

红树是深圳的“市树”，深圳对红树林的保护由来已久。据国家林草局消息，目前深圳全市有红树林约 213.62 公顷，主要分布在福田红树林自然保护区内。

2023 年 2 月 1 日在深圳福田国家级自然保护区拍摄的红树林湿地（无人机拍摄）。新华社记者梁旭摄

福田红树林自然保护区东起新洲河口，西至深圳湾公园，形成一条沿海岸线长约 9 公里的“绿色屏障”。以福田红树林湿地为主的深圳湾区域是东半球国际候鸟重要的栖息地和南北迁徙通道上重要的“中转站”，往返于东亚至澳大利西亚的国际候鸟在此栖息或停歇。

在深圳这座中国人口密度最高的繁华都市的中心地带，这片绿色海湾呈现了城市与湿地、人与自然和谐共生的美好画卷，为数以十万计的候鸟留下弥足珍贵的国际迁徙通道。

（梁希之、梁旭、王丰）

第五章

湾区合作

2024年以来，深港签署全面深化深港生态环境保护合作协议、深圳湾（后海湾）湿地保育合作框架安排、深圳梧桐山—香港红花岭生态廊道建设合作框架协议等多个框架协议，共同推进国际红树林中心建设、生物多样性保护，协调解决跨境环境问题取得长足进展，香港侧梧桐河总磷均值同比降低54.6%，深港界河深圳河水质达到地表水三类标准，创有监测历史以来最佳水平。此外，持续建立深圳都市圈共保共治，与东莞、惠州签署《深圳都市圈生态环境共保共治框架协议》，共同编制深圳都市圈生态环境保护规划，携手共建人与自然和谐共生的生态都市圈。

01 粤港澳三地协同打造生态保护屏障

初春时节，深圳南山和香港新界之间的深圳湾里热闹非凡，十万多只鹭、鸥、雁等候鸟在这里成群聚集，或在滩涂沐浴阳光，或在海面徘徊觅食，众多游客来到这里游玩、观赏……

深圳湾是候鸟从西伯利亚迁徙至澳大利亚的重要“中转站”和“加油站”，每年 10 月至次年 3 月，上百种候鸟来此停歇。如今，这里已成为深港边界最具特色的风景线。

曾几何时，这里让候鸟们“避而远之”。

“在城市发展早期，人们盲目向深圳河里排放废水、废料，致使深圳河和深圳湾里鱼虾等生物资源持续减少，越冬候鸟一年比一年少。”深圳红树林基金会原副秘书长李燊介绍说。

深圳河是深港两地的界河，向东汇入深圳湾。为保护好深港之间这块共同的生态屏障，20 世纪 80 年代，深港分别在深圳湾两侧设立了深圳红树林自然保护区和香港米埔自然保护区，划定了湿地保护红线，同时开

近年，随着环境治理力度加大，深圳湾更加适合候鸟栖息，每年 10 月到次年 3 月，候鸟离开寒冷的北方，到深圳湾畔的红树林越冬。新华社记者毛思倩摄

展清淤还湖、红树林补植、鸟类保护等一系列生态修复和保护措施。

“香港米埔自然保护区的团队给予我们技术指导和协助，我们也在积极倡导和推动两地间的滨海湿地保护网络合作。”李燊介绍，深港两地还通过每年一届的深港滨海湿地保育论坛，探讨湿地保育问题。

1995 年，深港两地政府还启动了联合治理深圳河工程，20 多年来，先后完成了河道清淤、堤防巩固、排污口整治、水面保洁等一系列工程。

上图为整治前的深圳湾东滨路南段排水口（2015 年 6 月摄，深圳市人居环境委员会供图）；下图为初步整治后的深圳湾东滨路南段排水口（2016 年 6 月 2 日摄，新华社记者毛思倩摄）。

一只白鹤成鸟（左）和一只白鹤幼鸟现身香港米埔自然保护区。世界自然基金会香港分会供图

“自去年12月以来，深圳河河口断面水质达标，连续达到地表水Ⅴ类，深港合作治河取得积极成效，预计今年深圳河水质还将有大幅提升。”深圳市治理深圳河办公室工作人员介绍说，近年来，随着深圳河湾流域水质改善，这片海域还吸引了白海豚、水母回归栖息。

深圳湾的生态修复正是粤港澳大湾区协同打造生态保护屏障的缩影。如今，粤港澳三地在生态环境保护方面的合作正持续深入开展。

澳门自2008年起每年举办澳门国际环保合作发展论坛及展览，促进泛珠三角地区与国际市场间的环保商业、技术及信息交流；在澳门路氹城生态保护区，澳门市政署与中山大学合作开发的红树林整株移植法获国家专利，加速了红树林的扩散生长速度，有利于保持澳门滩涂湿地，对整个珠江口的生态保护都有借鉴意义。

如今，澳门已与广东、香港形成环保交流合作常态机制，参与了粤港澳珠江三角洲区域空气监测网络的建设和管理工作。

2019 年 1 月，香港渔护署专家考察团来深圳开展实地考察，并与深圳市城管局达成一致意见，双方将在自然教育与保育、梧桐山—红花岭生态廊道建设以及大深圳湾湿地系统保育等方面建立合作机制。

2019 年 2 月，《粤港澳大湾区发展规划纲要》正式发布。以“美丽湾区”为目标，规划纲要提出大湾区打造生态防护屏障的一系列措施，包括实施重要生态系统保护和修复重大工程、构建生态廊道和生物多样性保护网络、建设沿海生态带、开展滨海湿地跨境联合保护等。

“这为粤港澳大湾区的绿色发展规划出了新的蓝图。”深圳市生态环境局负责人介绍，目前粤港澳三地正在按照《粤港澳大湾区发展规划纲要》，共同编制《粤港澳大湾区生态环境保护规划》，三地在生态环境保护方面的合作将迈上新台阶。

在全国政协常委、香港中华总商会会长蔡冠深看来，粤港澳大湾区是

香港市民在香港米埔自然保护区游玩。新华社记者刘昀摄

在与香港隔海相望的深圳湾公园，红嘴鸥低空盘旋，野鸭在戏水。每年 10 月至次年 3 月，约 10 万只候鸟来深圳湾一带越冬。新华社记者王晓丹摄

中国参与全球竞争的主力区域，近年来在生态环境保护取得一定成效，但在可持续发展方面面临挑战，各项生态环境指标与其他世界湾区相比，仍有差距。他建议，粤港澳三地应创新体制机制，充分发挥地方政府、科研机构和企业等各方优势，推进大湾区绿色发展。

“大湾区核心城市科技创新基础较好，但生态环保科研力量分散。因此需要建立联动和合作机制，大湾区环境污染才能得到系统化治理，大湾区才能真正成为宜居宜业宜游的优质生活圈。”蔡冠深说。

（王丰、王晓丹、王晨曦）

02 粤港澳大湾区的“海岸卫士”

粤港澳大湾区拥有面积广大的红树林，其中深圳、珠海、江门、惠州等区域分布较为集中。

红树林是生长在热带、亚热带海岸潮间带的木本植物群落总称，在净化海水、防风消浪、固碳储碳、维护生物多样性等方面发挥着重要作用，有“海岸卫士”之称。

红树林分带现象

03 数说国际红树林中心的“勃勃生机”

中国国际湿地公约履约办公室2023年2月2日在浙江省杭州市举办2023年世界湿地日中国主场宣传活动，活动上宣布广东深圳福田红树林湿地列入《湿地公约》的“国际重要湿地”名录。

2月2日是世界湿地日，人们将目光聚集到深圳国际红树林中心。当前，深圳正对标借鉴国际国内一流标准，高质量推进国际红树林中心筹建工作，积极拓展红树林保护修复国际交流合作，全力打造好新的城市“生态名片”。

这些数字，可以直观感受深圳红树林的“勃勃生机”：

6公里——沿海岸线长约6公里、占地面积约368公顷、保护区的鸟类达262种，福田红树林自然保护区是全国唯一处在城市腹地、面积最小的国家级自然保护区。

8处——深圳现有红树林分布的自然保护地共8处，包括自然保护区2个、湿地公园6个，在这些保护地中，红树林面积共有179.18公顷，占全市红树林的 60% 以上。2020 年以来，深圳已完成红树林营造修复任务 25.72 公顷。

51 公顷 ——今年世界湿地日的主题是“湿地修复”。记者从深圳市规划和自然资源局获悉，深圳将全面开展红树林保护修复，2021—2025 年完成营造及修复红树林面积 51 公顷以上。

55%——深圳力争在 2035 年前，全市湿地保护率达到 55%，湿地面积总量保持稳定，滨海湿地生态状况有效改善，建成区湿地生态空间品质得到优化，建成国际湿地城市。

296.18 公顷 ——深圳是一座高密度超大型现代化的滨海城市，湿地和野生动植物资源较为丰富。目前全市（不含深汕合作区）湿地总面积近 3.5 万公顷，共有湿地类型 4 类 20 型。全市红树林面积 296.18 公顷，主要集中分布在福田红树林自然保护区。

10 万只候鸟 ——福田红树林自然保护区是东半球国际候鸟南北迁徙通道上重要的“越冬地”“中转站”和“加油站”，每年有近 10 万只长途迁徙的候鸟在深圳湾越冬或过境。

相关负责人在接受记者采访时表示，建立国际红树林中心，意味着深圳还将肩负更多国际交流合作责任，成为全球红树林保护和国际合作的重要基地。

他说：“深圳采取了多样的湿地资源保护策略，细化完善湿地分级分类保护体系，由过去的湿地单一要素保护、局部保护延伸到整个湿地生态系统的保护，生物多样性保护成效明显，社会参与保护的创新模式也赢得广泛赞誉。”

（梁希之）

04 深港共育红树林

在粤港澳大湾区的腹地，深圳湾畔的福田红树林自然保护区与香港米埔自然保护区共同守护着一片生机勃勃的红树林湿地。作为东半球国际候鸟南北迁徙通道上重要的“中转站”，每年有约 10 万只长途迁徙的候鸟在深圳湾越冬或过境。

2023 年 2 月，深圳福田红树林湿地列入《湿地公约》的“国际重要湿地”名录，加上香港米埔内后海湾国际重要湿地，深圳湾成为同时拥有两片国际重要湿地的湾区。

这片湿地不仅孕育了丰富的生物多样性，也见证了深港两地在生态保护领域的紧密合作。自 2023 年 1 月签署深圳湾（后海湾）湿地保育合作框架协议以来，双方在红树林和湿地保护方面取得了显著成就，为探索人与自然和谐共生提供了宝贵经验。

“深圳湾本身就是一个深港共有的湿地。米埔的红树林跟福田的红树林一水之隔，虽然被深圳河分割了，但是并不妨碍生态系统是一致的。”

广东内伶仃福田国家级自然保护区管理局教授级高级工程师杨琼说。

根据湿地保育合作框架协议，深港两地将在水鸟（黑脸琵鹭）同步调查和智慧监测、海桑和无瓣海桑等外来物种控制、水鸟迁飞区关键栖息觅食地保育、生态基线调查、自然教育活动等方面开展合作和经验交流，促进深圳湾（后海湾）湿地生态承载力的全面提升，共同维护东亚—澳大利西亚候鸟迁飞区的完整性。

香港特区政府渔农自然护理署自然护理区相关负责人说，深港两地自签署湿地保育合作框架安排后，一直保持密切的联系，积极交流和合作，至今共举行 7 次会议。“合作框架为深港两地提供了一个很好的平台，促进两地分享保育后海湾（深圳湾）湿地生态系统的经验，共同保护后海湾（深圳湾）湿地生态系统。”

黑脸琵鹭作为深圳湾的旗舰物种和国家一级保护鸟类，其种群恢复的成功备受瞩目。从 20 世纪 90 年代的不足 300 只到 2024 年 1 月全球同步调查的 6988 只，黑脸琵鹭的数量增长令人振奋。深圳湾在黑脸琵鹭的保护中扮演了重要角色，尤其在过去的十几年里，一直是黑脸琵鹭全球重要的越冬地。

为了精准监测黑脸琵鹭的数量和分布，深港两地开展了同步调查和智慧监测。每月的同步监测数据反映了整个深圳湾黑脸琵鹭的情况，而每年的全球同步调查则通过人工统计方法全面了解种群动态。此外，利用高清摄像头和人工智能鸟类识别技术，实现了对黑脸琵鹭的自动监测，尤其在夜间，这种智慧化手段减少了对鸟儿休息的干扰，提高了监测效率。

据介绍，以 2023 年 11 月至 2024 年 3 月深港两地共同就黑脸琵鹭数量进行的调查为例，香港、深圳及澳门共录得 432 只黑脸琵鹭。此外，深港两地近期进行的鸟类环志及其他追踪资料亦载有中杓鹬、红脚鹬等在 2023 至 2024 年冬季活跃来回于米埔和福田的记录。

海桑和无瓣海桑作为外来物种，曾对深圳湾的红树林生态造成影响。然而，通过深港两地的共同努力，这些外来物种得到了有效控制。杨琼介绍，福田红树林自然保护区管理人员定期清理原生林下的海桑和滩涂上的植物幼苗，确保本土红树林的生长空间，保障了水鸟有足够面积的觅食地。

2024 年 11 月 6 日，国际红树林中心成立协定在深圳正式签署，首批 18 个成员国代表共同签署协定并为国际红树林中心揭牌。展望未来，深港将继续深化在湿地保护领域的合作，致力于构建更加完善的跨境联合保护模式，这不仅包括强化现有的湿地保护和科研合作，还将进一步扩展至全球范围内的红树林保护工作。

杨琼说，深港双方可以互相学习彼此湿地保护的先进经验和做法，实施跨境联合保护。希望深港双方在深圳湾的湿地保护模式，能够为国际红树林中心提供一个很好的交流示范案例。

香港都会大学讲席教授谭凤仪指出，深港两地依托国际红树林中心平台，未来可以在科技、资源、管理、信息等方面，多交流、多合作、多分享，共同推动粤港澳大湾区乃至全球湿地保护合作。

（梁希之、郭辛）

05 深港青年共话大湾区绿色未来

会“呼吸”的零碳建筑、能跟电网“对话”的充电桩、楼顶的空中花园发电站……2025 年 4 月 10 日，深圳绿色能源领域的创新成果让数十位来访研学的香港青年赞叹不已。“没想到连喝咖啡都能看到减碳贡献值。”一位香港理工大学的学生兴奋地说，这次交流让自己对新能源行业有了全新认识。

“绿电同行 青创未来”深港青年绿色能源研学行 10 日在深圳举办，80 多名来自深圳和香港的年轻人会聚于此，实地探访多个绿色能源基地，学习交流最新环保科学技术，共同探讨绿色能源发展未来，为粤港澳大湾区的低碳发展贡献智慧。

除了实地参观，活动还举办创新分享会，10 位来自高校、企业的青年代表聚焦新型电力系统、绿色能源发展、车网互动等前沿技术进行了分享交流。

来自清华大学深圳国际研究生院的青年专家郭烨做了“深港能源互联

网融合发展的思考与展望”主题分享，他认为大湾区有丰富的用户侧资源、独特的电力市场环境和地缘属性，未来将港澳城市灵活性资源接入南方区域电力市场，是大湾区能源互联网发展的重要环节。

“香港高校较强的科研成果在大湾区可以找到更为广阔的产业应用场景。”香港理工大学电机及电子工程学系副主任卜思齐介绍，他经常到深圳参与学术交流活动，内地企事业单位也会输送青年专家骨干到香港理工大学进行交流培训，双方的交流互动正日益加深。

该活动由共青团深圳市委员会主办，南方电网深圳供电局、香港青年科学家协会联合承办，旨在推动深港青年深入交流，吸引更多两地青年科学家积极投身绿色能源转型创新实践，参与大湾区绿色低碳建设。活动组织方还同步介绍了“南方电网人才飞地”引才政策，为香港青年赴内地就业提供机会。

（王丰）

06 粤港澳大湾区港口持续向新向绿

全球最大级别集装箱船“东方葡萄牙”轮，2025 年 5 月 5 日稳稳停靠在深圳盐田港。船员从船上放下电缆与码头岸基船舶供电（以下简称“岸电”）设备连接，旋钮船舶用电转换开关，关闭船舶自备的辅助发动机，即转换为岸上供电。2025 年 4 月，盐田港岸电接驳船只近 120 艘次，创单月历史最高纪录。

岸电是通过岸基电源替代船用柴油发电机，为靠港船舶提供电力，可减少 98% 的温室气体排放。2016 年，盐田港在南方电网深圳盐田供电局协助下，建成并开始使用六套智能岸电系统，泊位岸电覆盖率超过 95%，双方还积极探索 5G、人工智能、大数据等在港口电力系统中的应用。2024 年，盐田港岸电系统为船舶供电近 2500 万度，减少船舶碳排放约 1.9 万吨。

岸电覆盖、港内拖车清洁能源化、龙门吊“油改电”、绿色船用燃料推广、数字化和自动化应用……在粤港澳大湾区，包括盐田港在内的众多港口，正大规模推动向新向绿步伐。

走进位于深圳西部港区的妈湾智慧港集装箱码头，只见自动化龙门吊正有条不紊地装卸货物，一辆辆自动驾驶集卡按照指令穿梭于作业区域，平稳运输集装箱。码头现场繁忙有序，场内灯塔安装了覆盖全港的 5G 基站，为港口高效运营提供了可靠稳定的信号保障。招商局港口（华南）营运中心操作部高级发展经理刘昊介绍，2021 年完成智慧化改造后，妈湾智慧港汇集招商芯操作系统、北斗系统等 9 大智能元素，成效显著：人员派工出勤减少、安全风险降低、碳排放大幅下降、作业效率大幅提升。

在深圳赤湾港，已投放超 60 台新能源拖车，并配套建设换电站，仅需 3 分钟即可自动完成单台车辆动力电池组更换；在广州南沙港三期，已实现电动岸桥、轨道吊、场桥和门机等 150 多台大型港口机械电力驱动全覆盖，并持续加大新能源生产设备推广应用。“我们当前新能源设备占比已达 50% 左右，从源头上对港口碳排放进行控制。”南沙港三期码头工作人员介绍。

2023 年，广东省交通运输厅印发《广东省绿色港口行动计划（2023—2025 年）》，提出到 2025 年，广东省初步形成港口绿色低碳生产方式；2024 年，香港施政报告也首次提及加快绿色航运中心建设。

公布《绿色船用燃料加注行动纲领》《2024 年船舶法例（燃料使用及杂项修订）条例》生效……作为国际航运中心，香港正积极行动，与大湾区其他港口合作构建绿色船用燃料加注中心和绿色航运走廊。

2025 年 2 月，装载着 2200 吨液化天然气燃料的“新奥普陀号”LNG 加注船舶办结出口手续，离开深圳迭福 LNG 接收站前往香港，参与完成香港首次液化天然气“船对船”加注作业。香港特区政府运输及物流局局长陈美宝发网志表示，3 月再有两次商业化的液化天然气加注作业在香港水域成功完成，可见航运界对香港作为绿色船用燃料加注中心的新角色，投下了信任一票。

业内人士表示，随着产业机构转型，香港海运业发展也迎来升级的新契机。一方面，创新科技与数字化发展有利于航运业提质增效；另一方面，绿色与可持续发展则可助推香港的能源转型。

“我对香港推进绿色航运和绿色港口的前景充满信心。”香港海运港口局成员刘洋认为，特区政府近期修改相关法律，允许船舶安全使用和加注低碳甚至零碳的绿色燃料，在推进绿色航运和绿色港口发展方面展现强大的决心和行动力。

（王丰）

07 深圳港打造世界级绿色智慧国际枢纽港

经过多年来的建设和发展，从蛇口港脱颖而出的深圳港，已逐步成为我国华南地区集装箱枢纽港和集聚了现代服务业、先进制造业的重要平台，并从 2013 年开始，连续五年位居全球第三大集装箱枢纽港，崛起为世界级的集装箱枢纽港。

20 世纪 90 年代初，为适应经济全球化和全球制造业向我国转移的需要，深圳港确立了以集装箱运输为重点的发展方向。随着“双港齐飞”发展战略的提出和推进，深圳市新建了盐田、赤湾等专业化集装箱港区，实现了港口集装箱运输的迅速发展。

进入 21 世纪以来，深圳市和珠三角地区外向型经济开始高速发展，深圳港进入了快速增长的“黄金时期”，全港货物和集装箱吞吐量先后突破 1 亿吨和 1000 万标箱，年均增速分别达到 21% 和 29%。港口建设也以专业化、大型化和功能提升为方向，实施了集装箱港区的资源整合，并对东部盐田、西部蛇口及赤湾港进行了扩建，新建了大铲湾港区和国内第一个 LNG 专用码头。

当前，深圳正着力建设全球海洋中心城市，以期进一步提升对外开放水平和国际影响力，而将深圳港打造成为世界级的绿色智慧国际枢纽港，与香港港共建国际航运中心，承担“21 世纪海上丝绸之路”排头兵和主力军的职责，则成为重中之重。

在城市产业转型升级与外需变化等多重压力下，深圳港希望快速向智慧化港口转型，这其中既包括港区作业的智能自动化，也包括港口运营管理及监管、服务的智慧化，尤其是单一窗口的建设。

深圳港的做法是，提升港口装备智能化水平，大力推进物联网、云计算、大数据等新一代信息技术在港口的应用，支持港口企业科技创新，提高码头前沿装卸设备、水平运输车辆等关键设备的智能化水平，提升货物在港口的换装作业效率，开发应用专业化码头生产智能调度系统，开展全自动化码头应用试点。

4 月 11 日，深圳市工业和信息化局与招商局港口集团签署战略合作框架协议。根据协议，双方将充分利用各自优势资源紧密合作，共同推进 5G 智慧港口建设，建立 5G 智慧港口应用实验室，共享信息资源。

在人们的印象中，集装箱码头是一个热闹嘈杂的地方，现场工作人员忙着操作各种大型作业设备完成集装箱的装卸、搬运。而未来，从岸边的装卸船到场内的水平运输，从堆场收发箱到闸口过闸验箱，依靠人工操作的环节将越来越少，一切都将通过基于人工智能（AI）、云计算、大数据等技术的“智慧大脑”系统来完成调度。

在深圳西部港区，即将于 2020 年完工的招商局港口海星码头就将建成这样的一个高度自动化码头。招商局国际信息技术公司方面表示，未来基于 5G 应用的无人驾驶集卡、实时巡检无人机、智慧安防等应用都将在海星码头逐步落地。

事实上，随着产业转型升级步伐的进一步加快，深圳港自2010年起就开始大力建设绿色港口、智慧港口。到了2016年，深圳港提出了打造“智慧港口”的基本路径，即以“一带一路”倡议和前海蛇口自贸片区建设为契机，积极推进国际集装箱海铁联运物联网应用示范工程、盐田“智慧港”、妈湾“智慧港”等工程的建设。

深圳港是世界级集装箱枢纽港，更是深圳加快发展更高层次开放型经济、打造参与全球竞争合作开放先行区的重要支撑。

根据《深圳港总体规划》预计，未来深圳港将形成“两翼、六区、三主”的总体发展格局，到2030年，深圳港集装箱吞吐量将增长到3500万标箱，港口可为深圳市形成3000亿元的经济贡献，带来6000亿美元的国际贸易量。

继集装箱之后，邮轮产业也成为深圳港的又一张亮丽名片。

1981年开港的蛇口客运码头，一直是深圳市民水上出行的主要场所。近年来，深圳港依托太子湾邮轮母港建设，加快推动邮轮业的对外开放，构建了邮轮产业体系。

记者从太子湾邮轮母港所属的招商局蛇口公司了解到，公司以蛇口邮轮母港为样板，全方位建设了集航运、口岸联检、旅游配套、特色免税、商业地产、邮轮物供、国际物流中转、海工修造、金融服务等于一体的、可复制的创新型邮轮母港，实现了“船、港、城、游、购、娱”一体化联动管理，构建了集旅游地产、母港经济、邮轮产业于一身的高端旅游服务生态圈。